TRESPASSING

NATHALIE GRENZHAEUSER

TRESPASSING
NATHALIE GRENZHAEUSER

VERLAG FÜR MODERNE KUNST

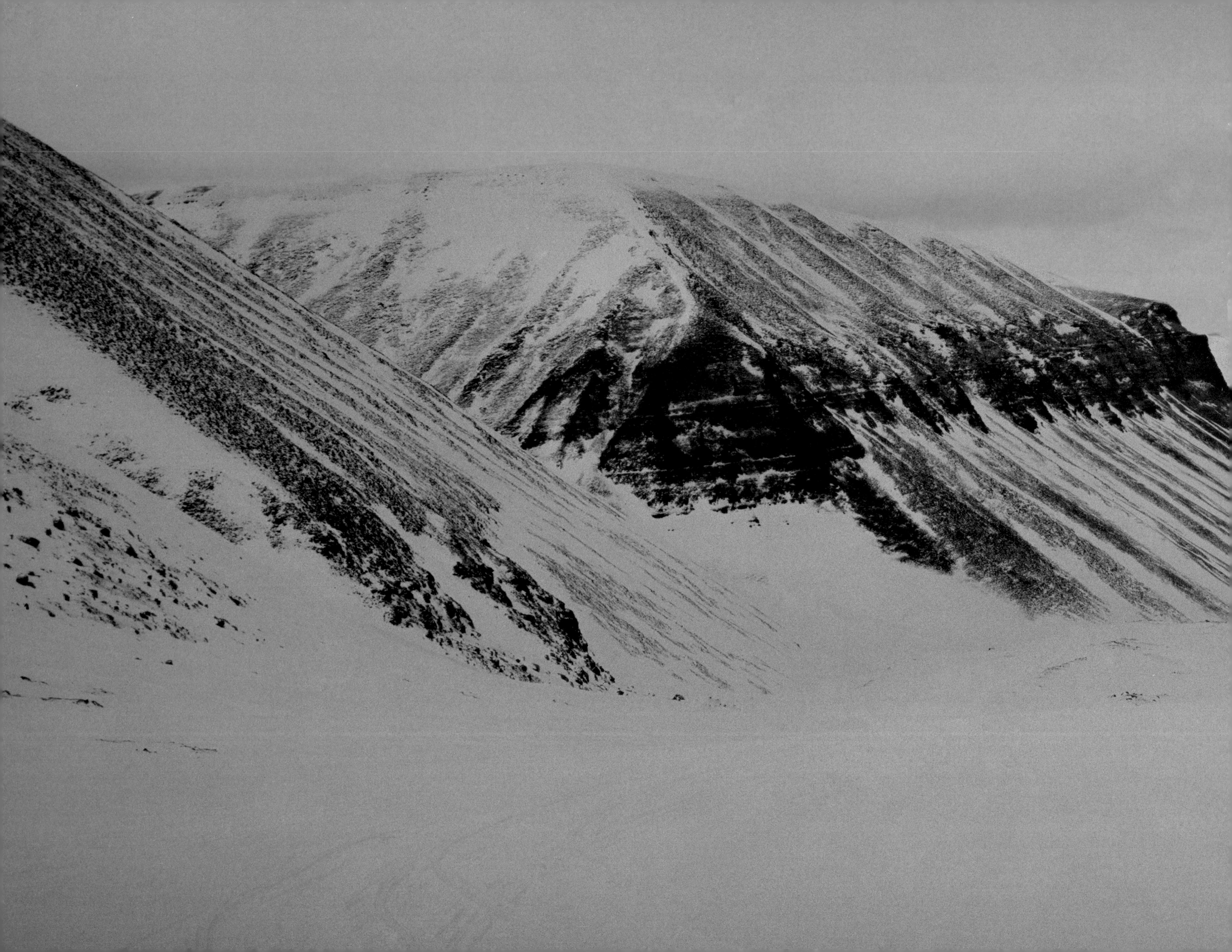

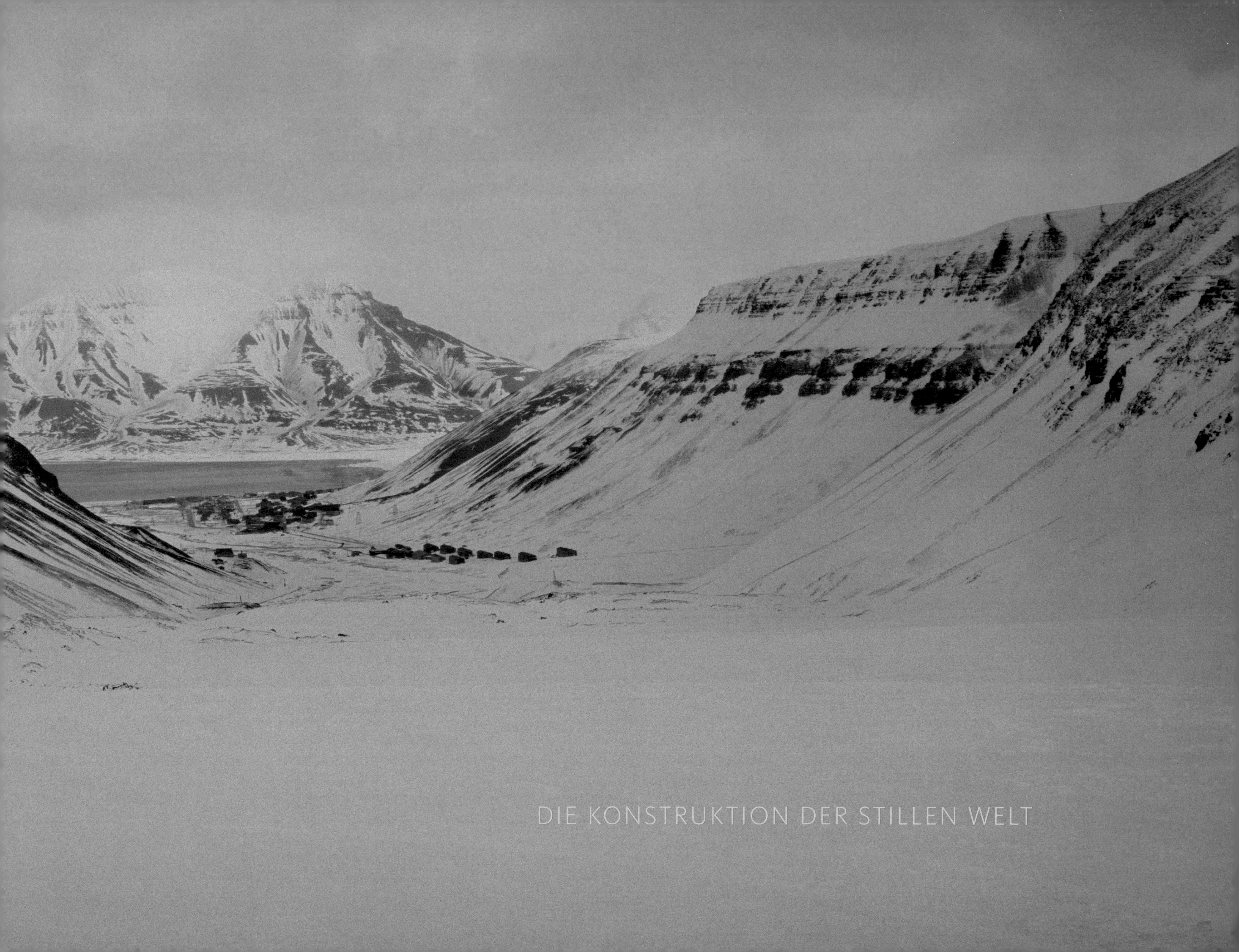

DIE KONSTRUKTION DER STILLEN WELT

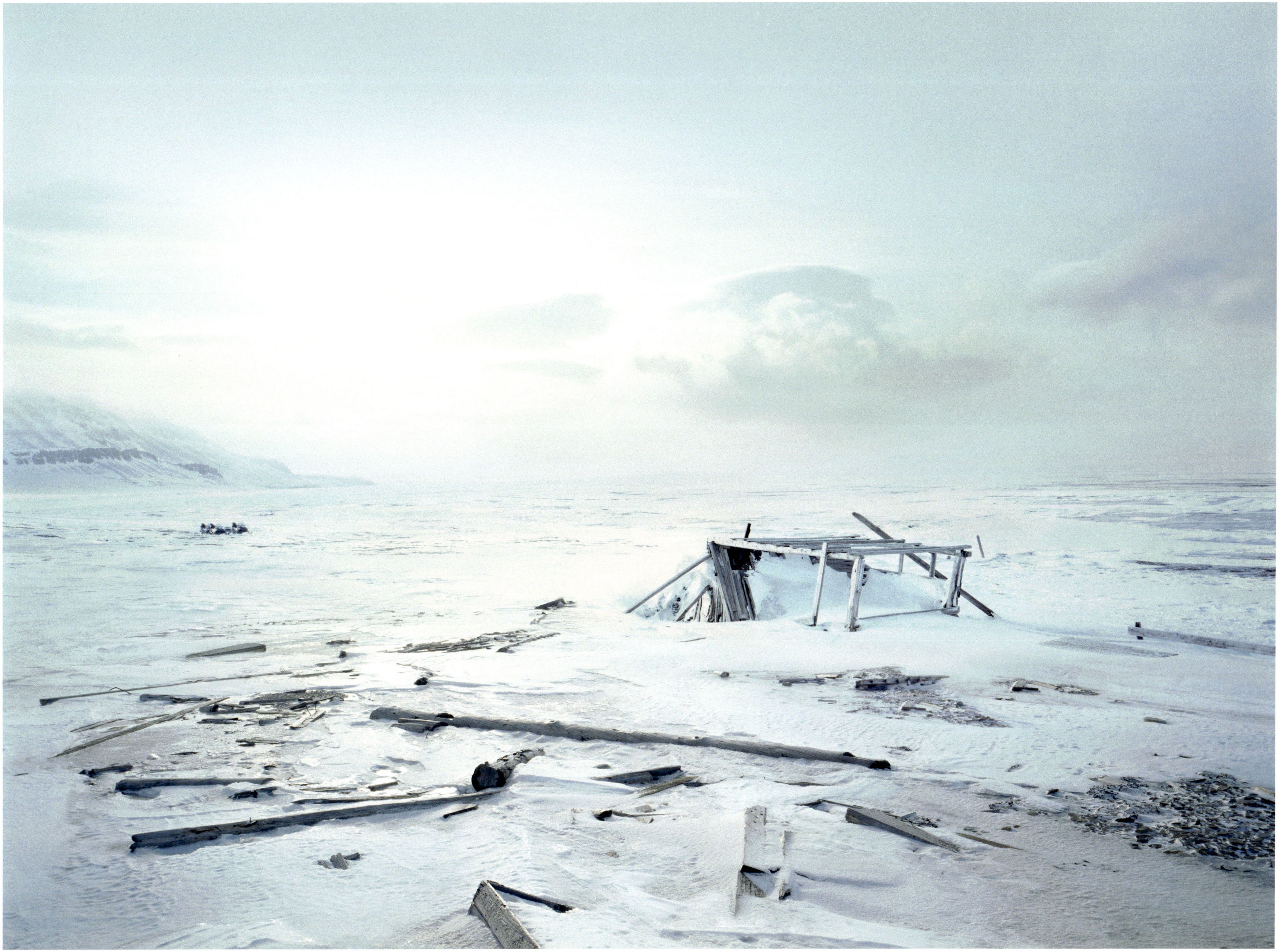

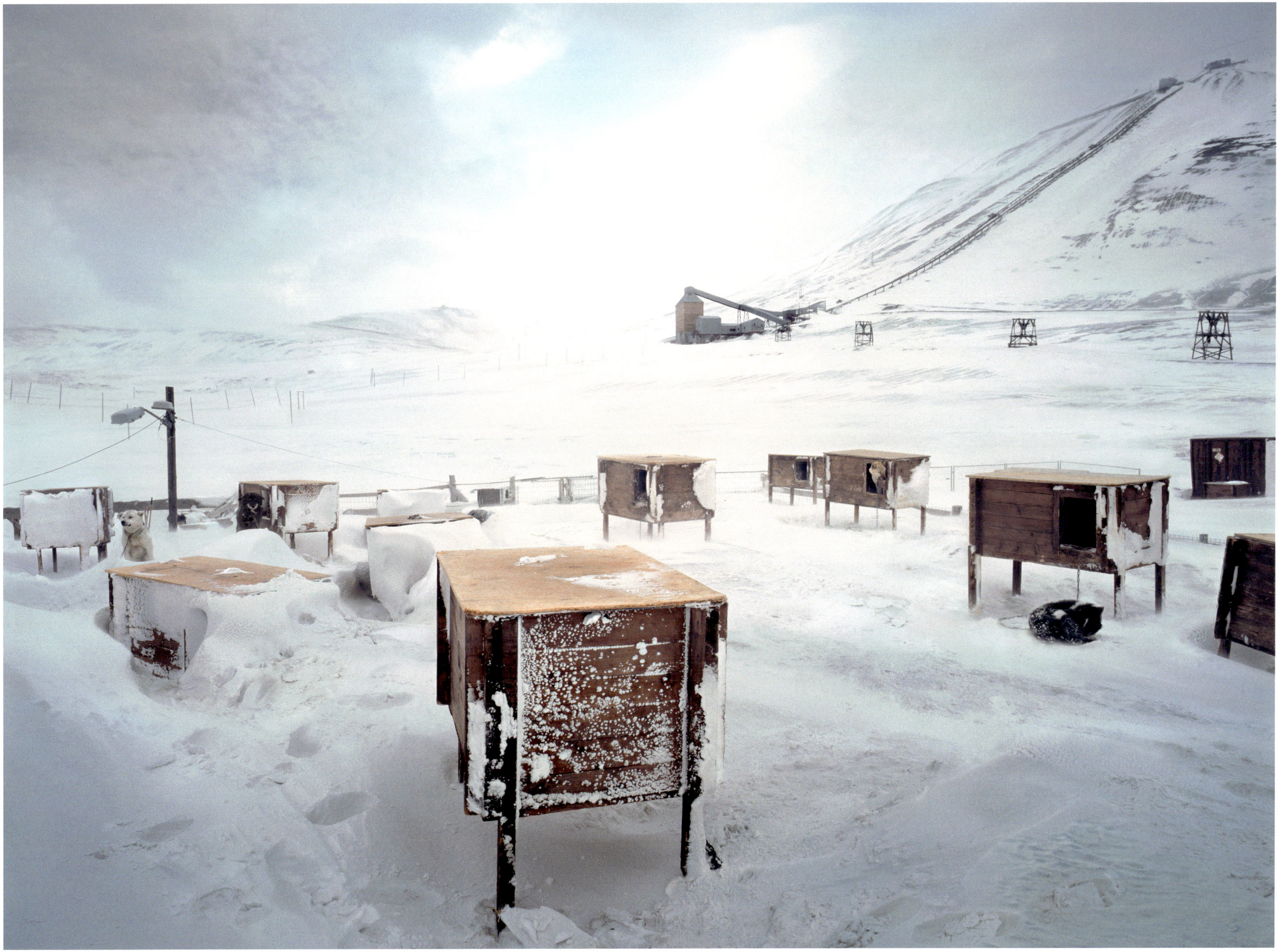

 | *Zuckerhut*, 2007

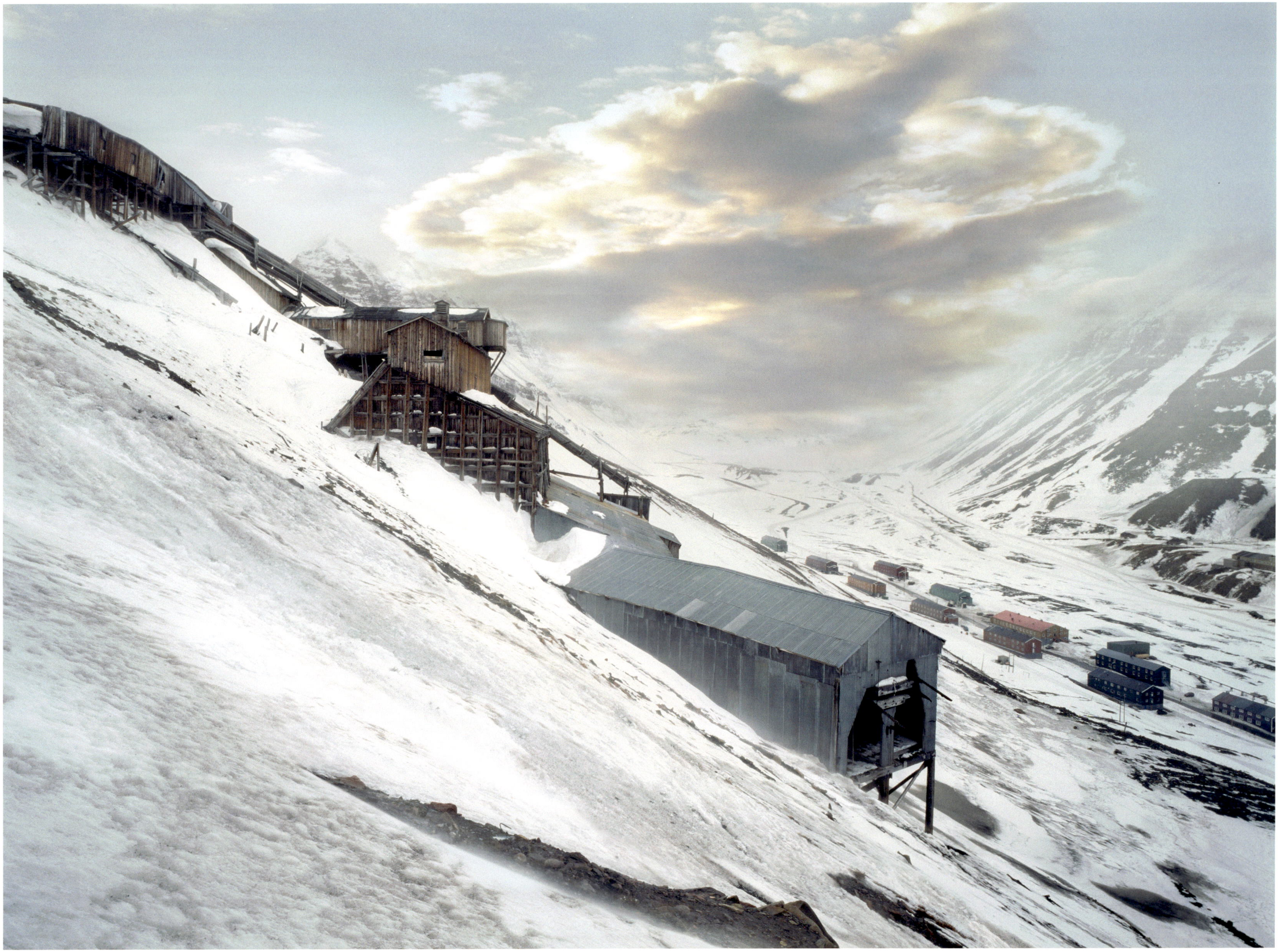

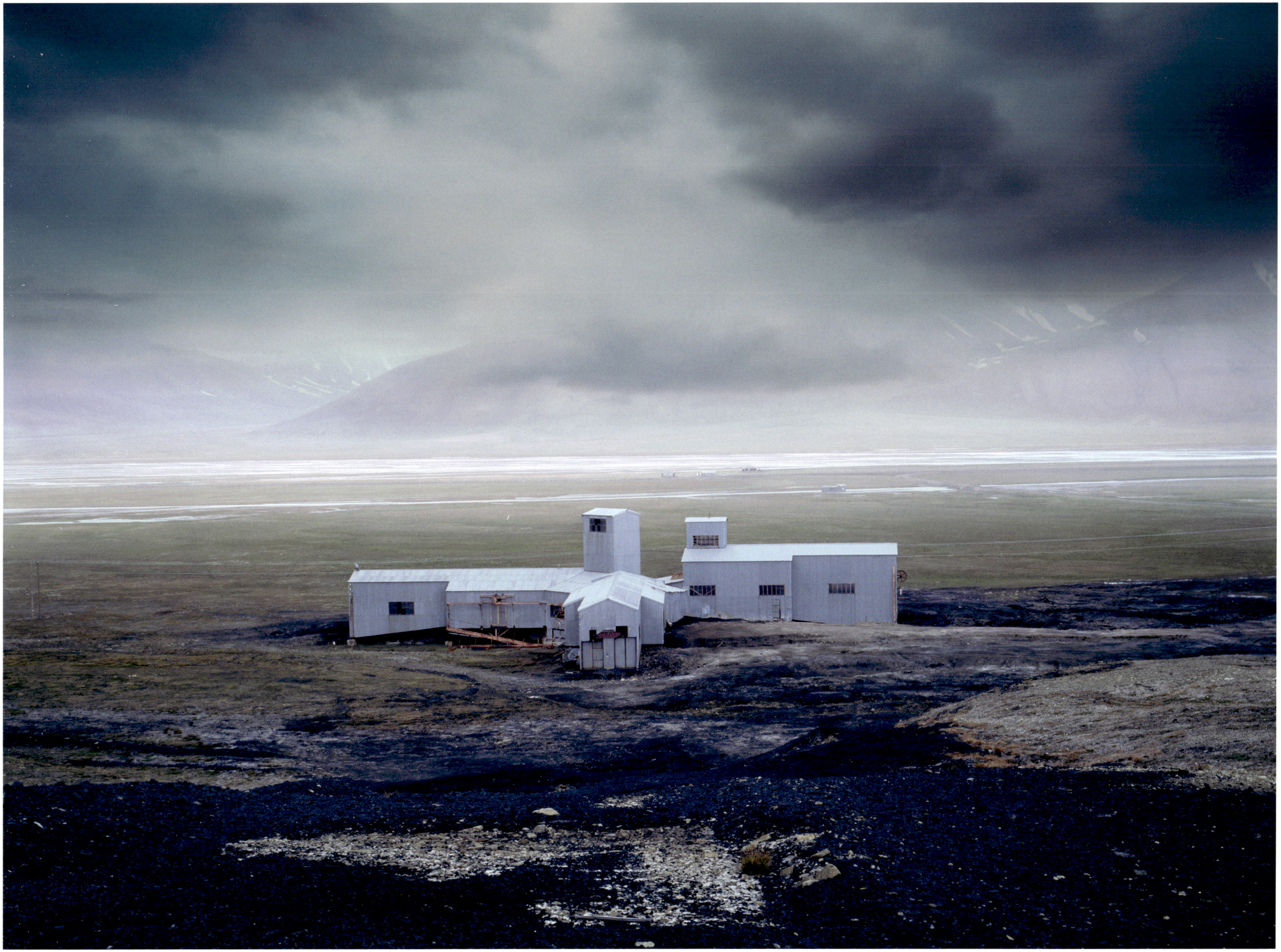

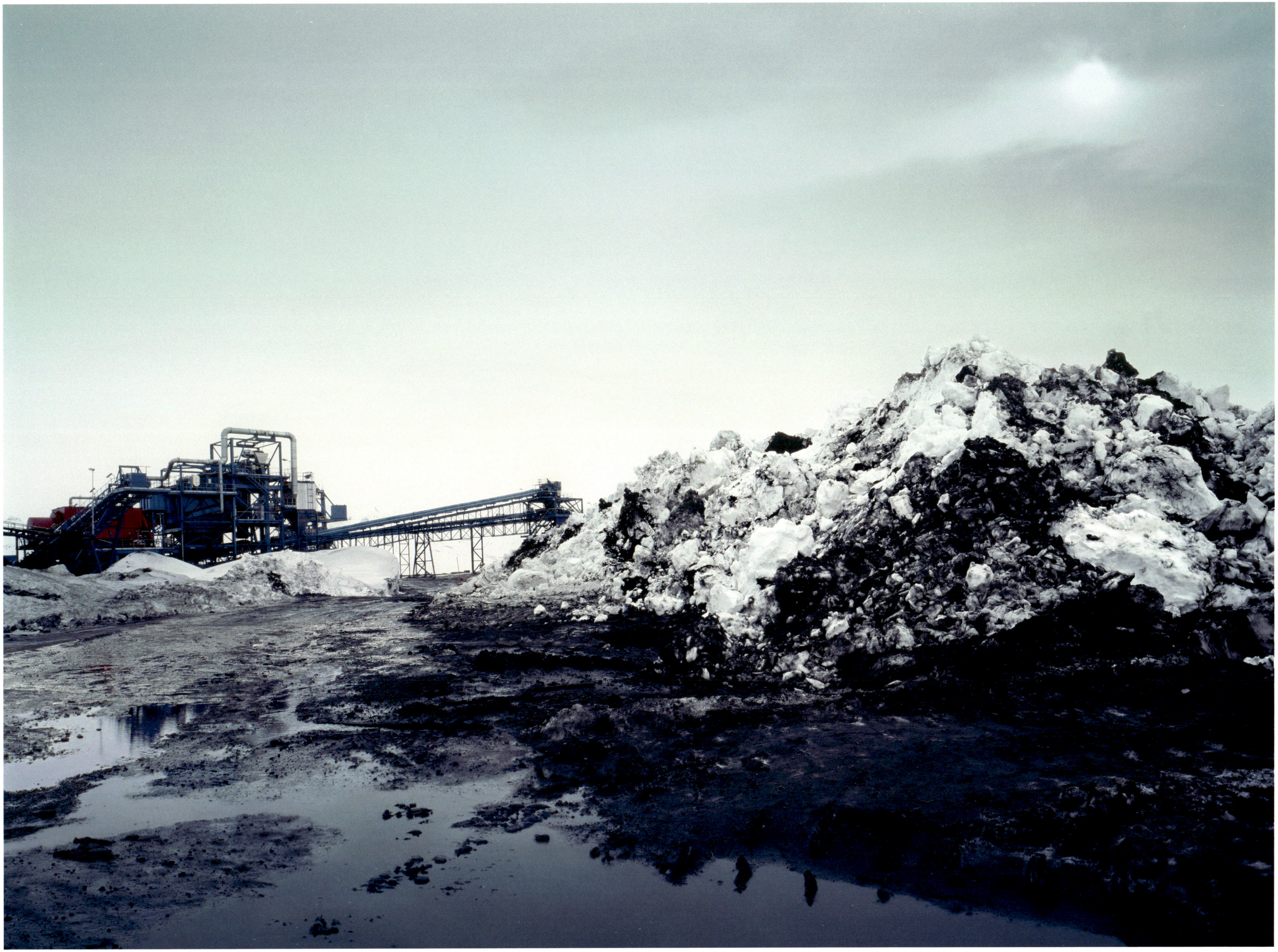

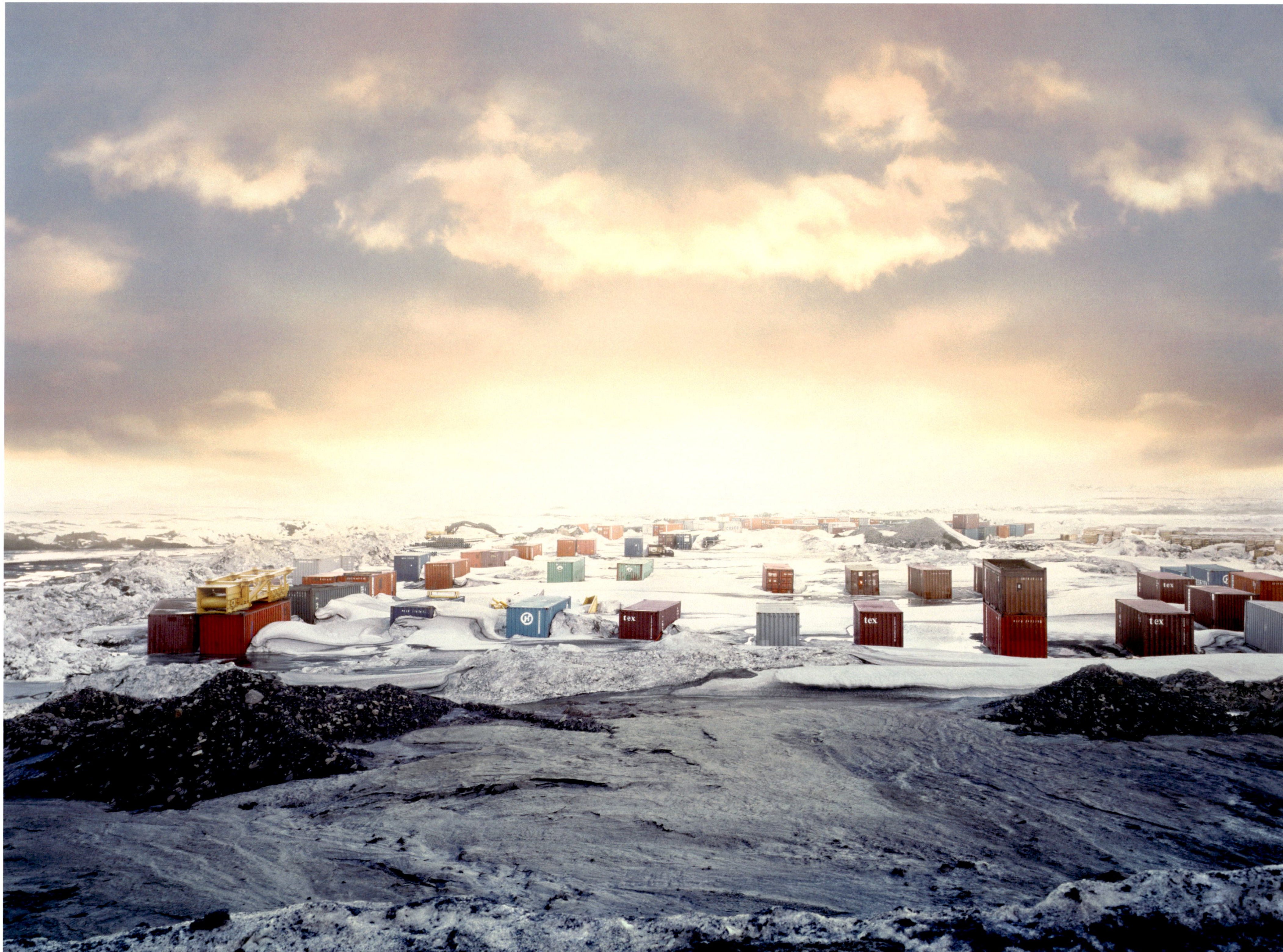
tex
tex
tex
tex

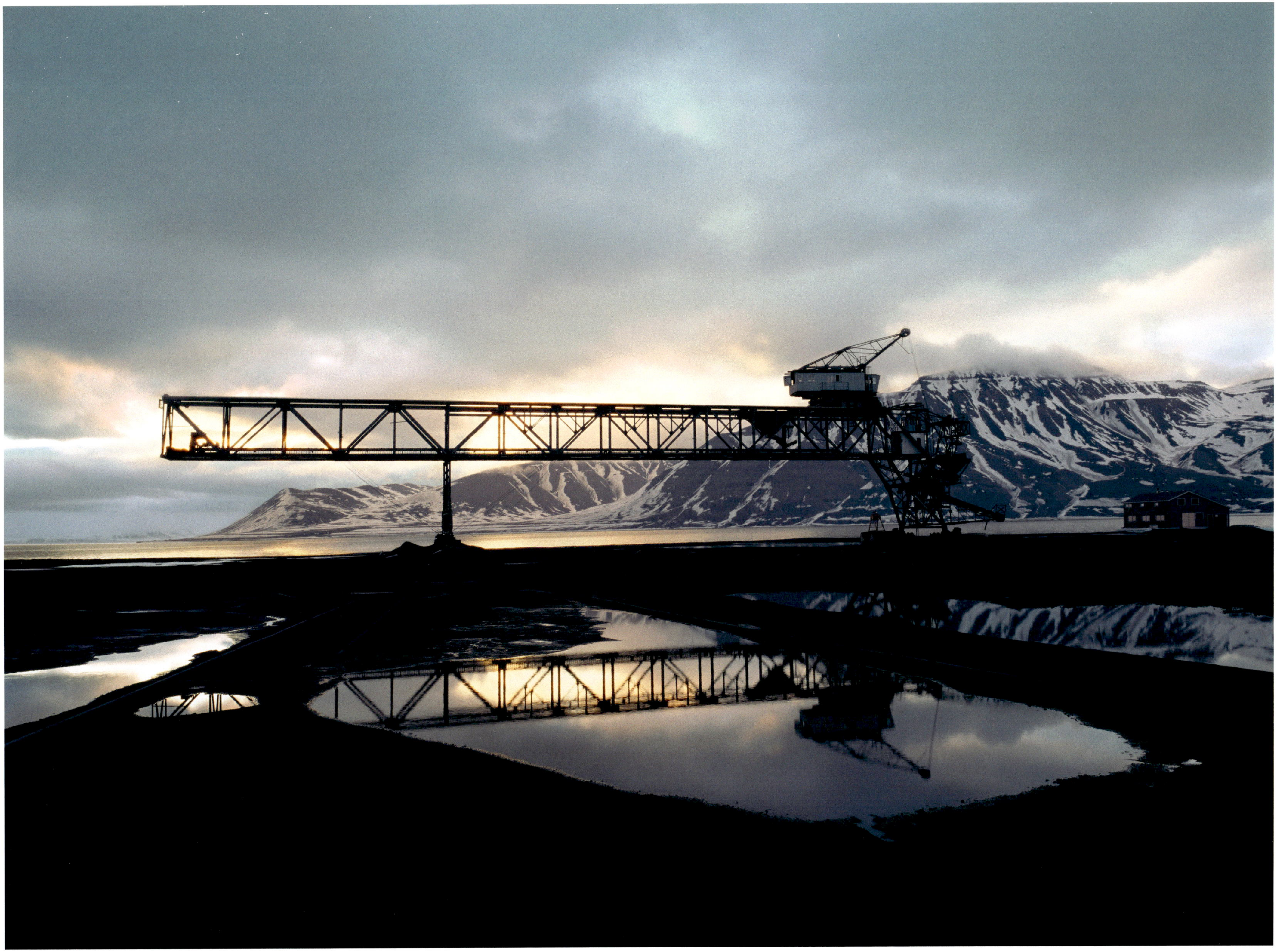

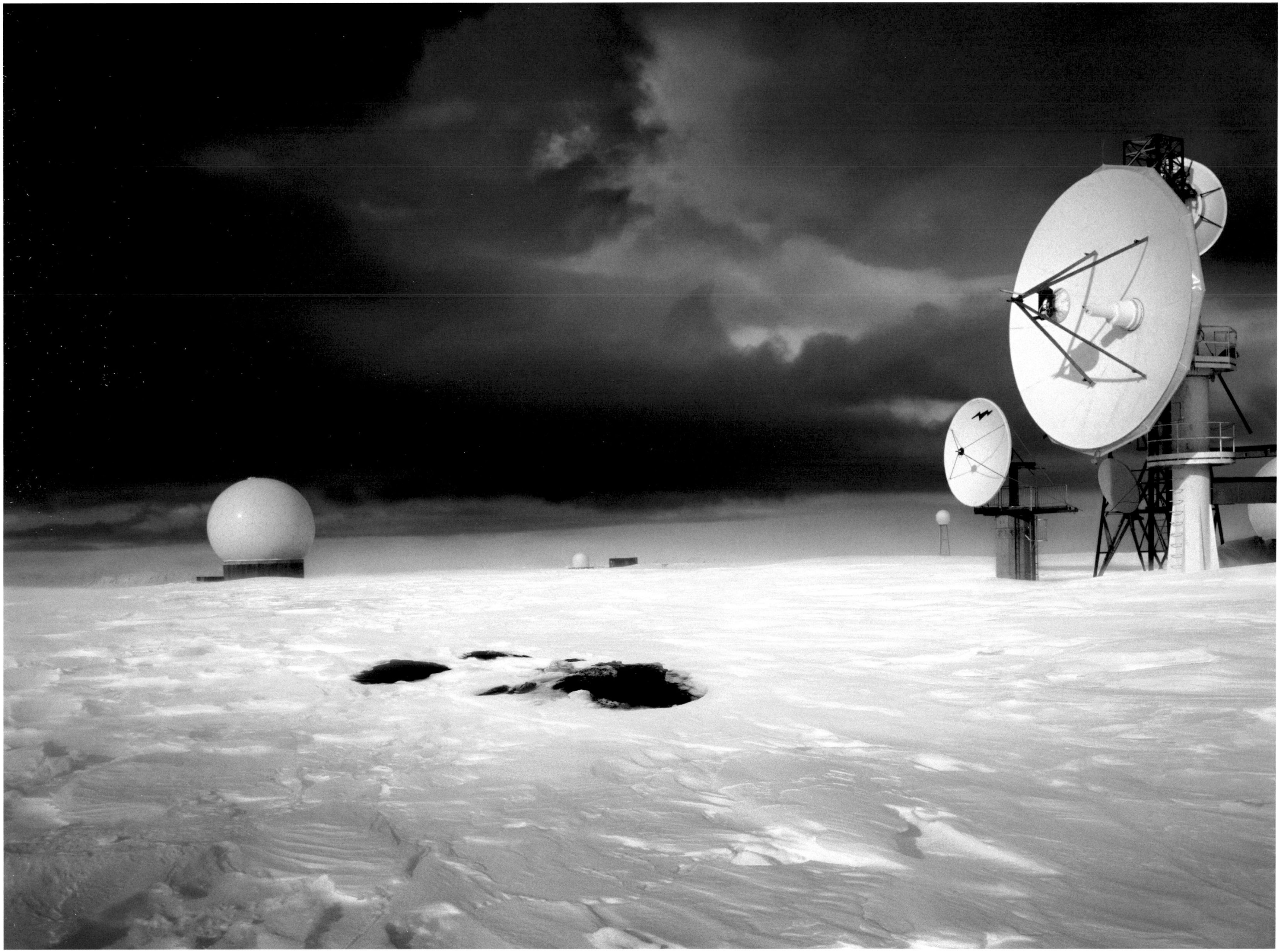

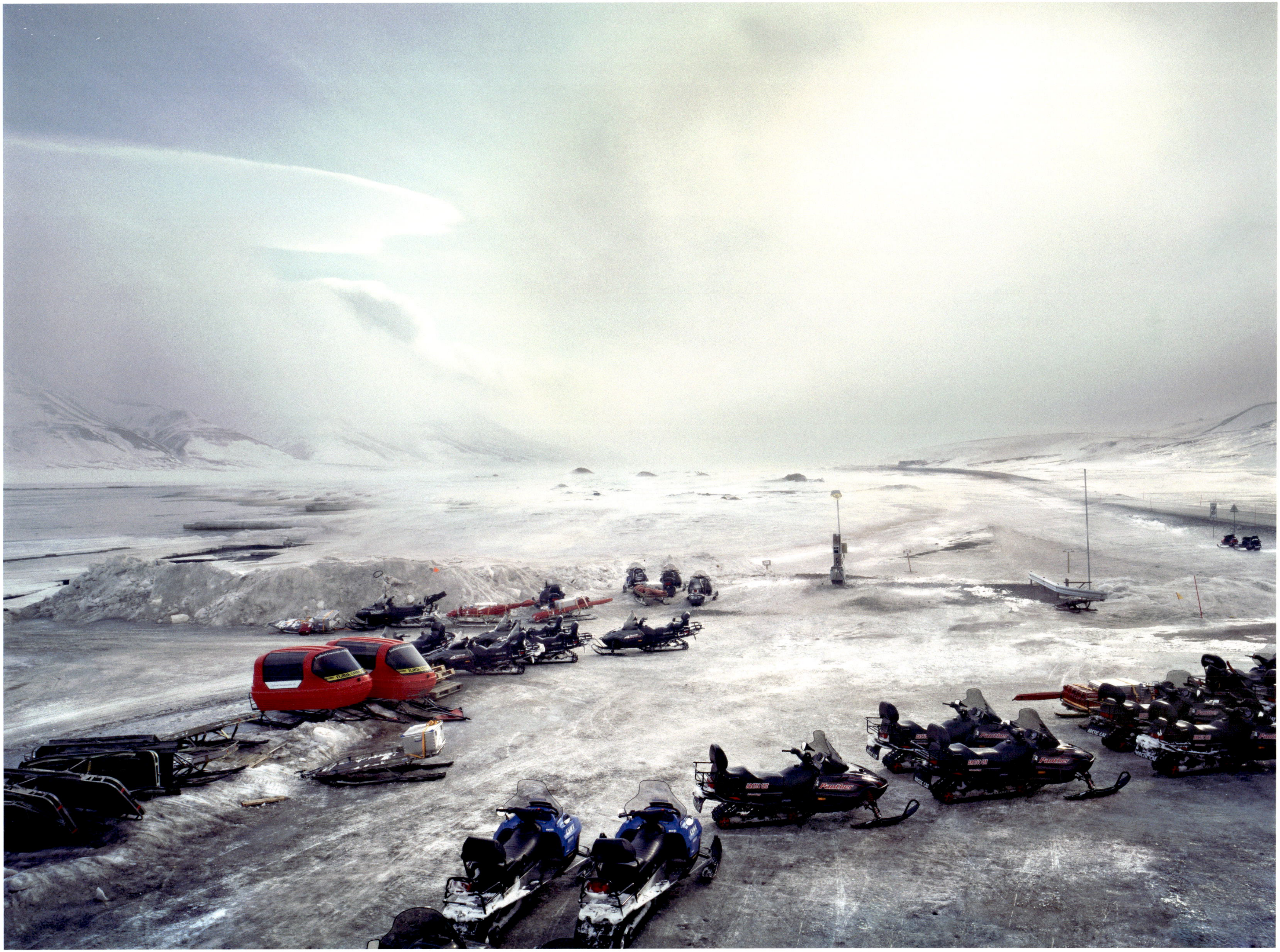

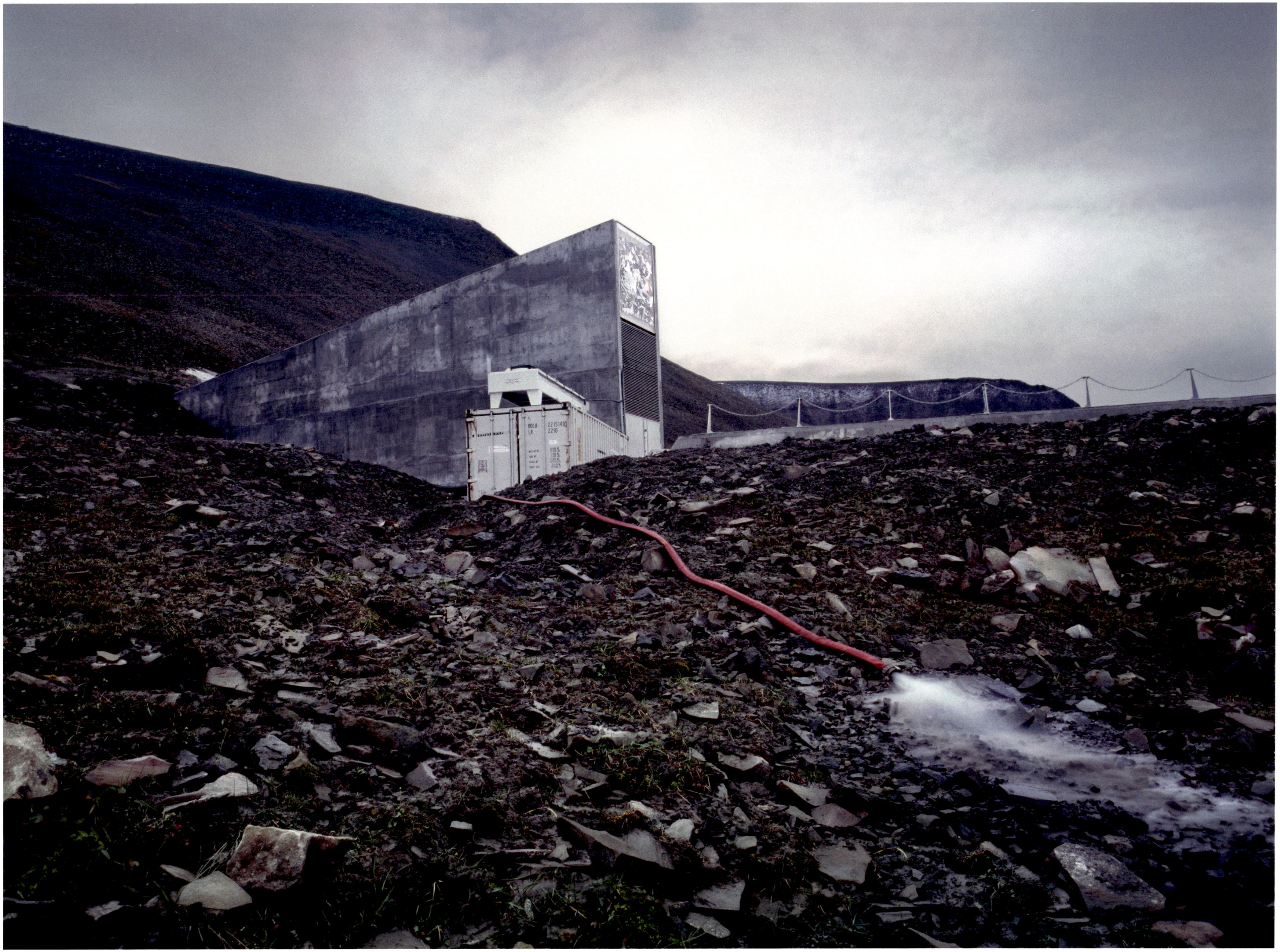

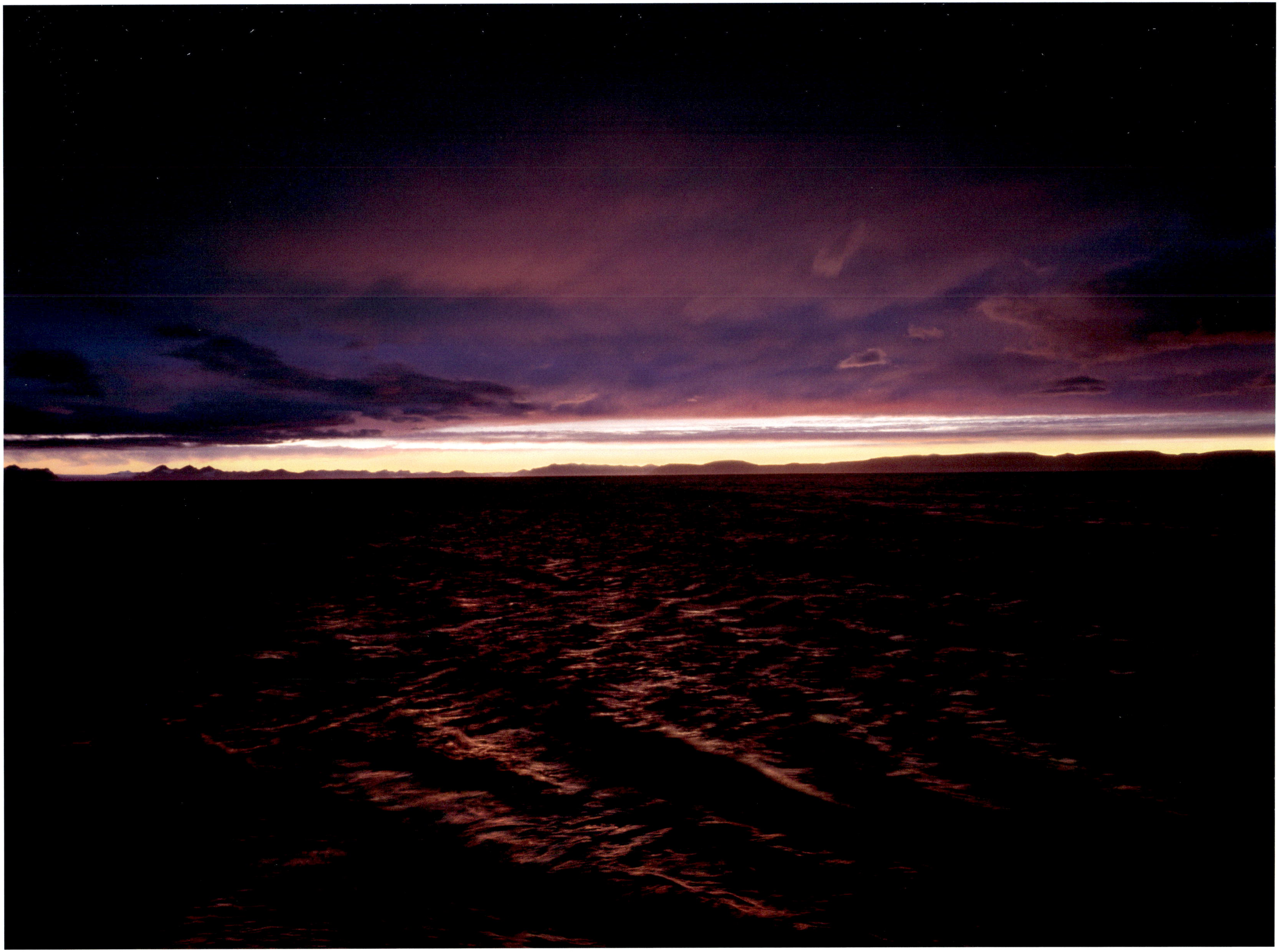

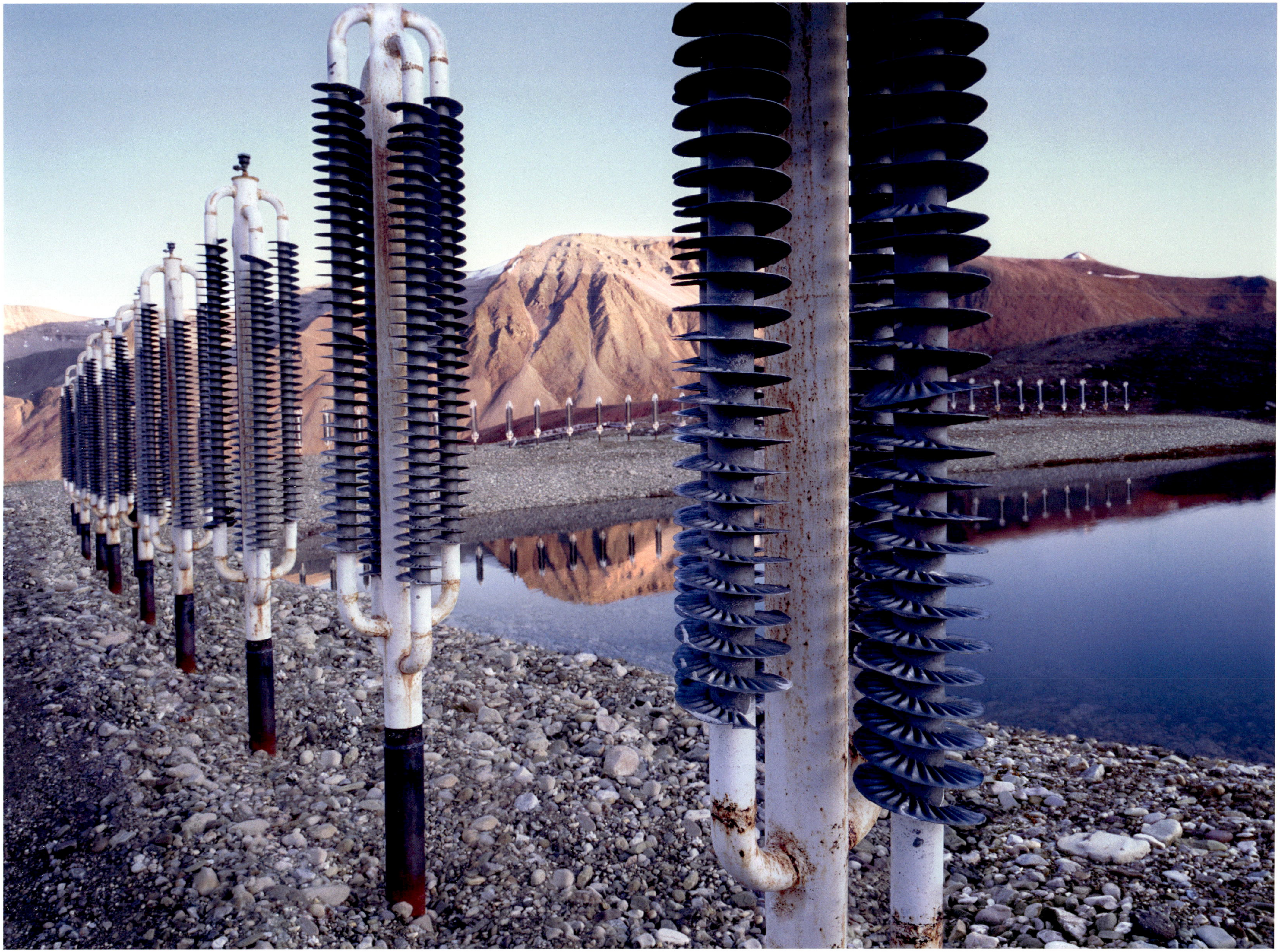

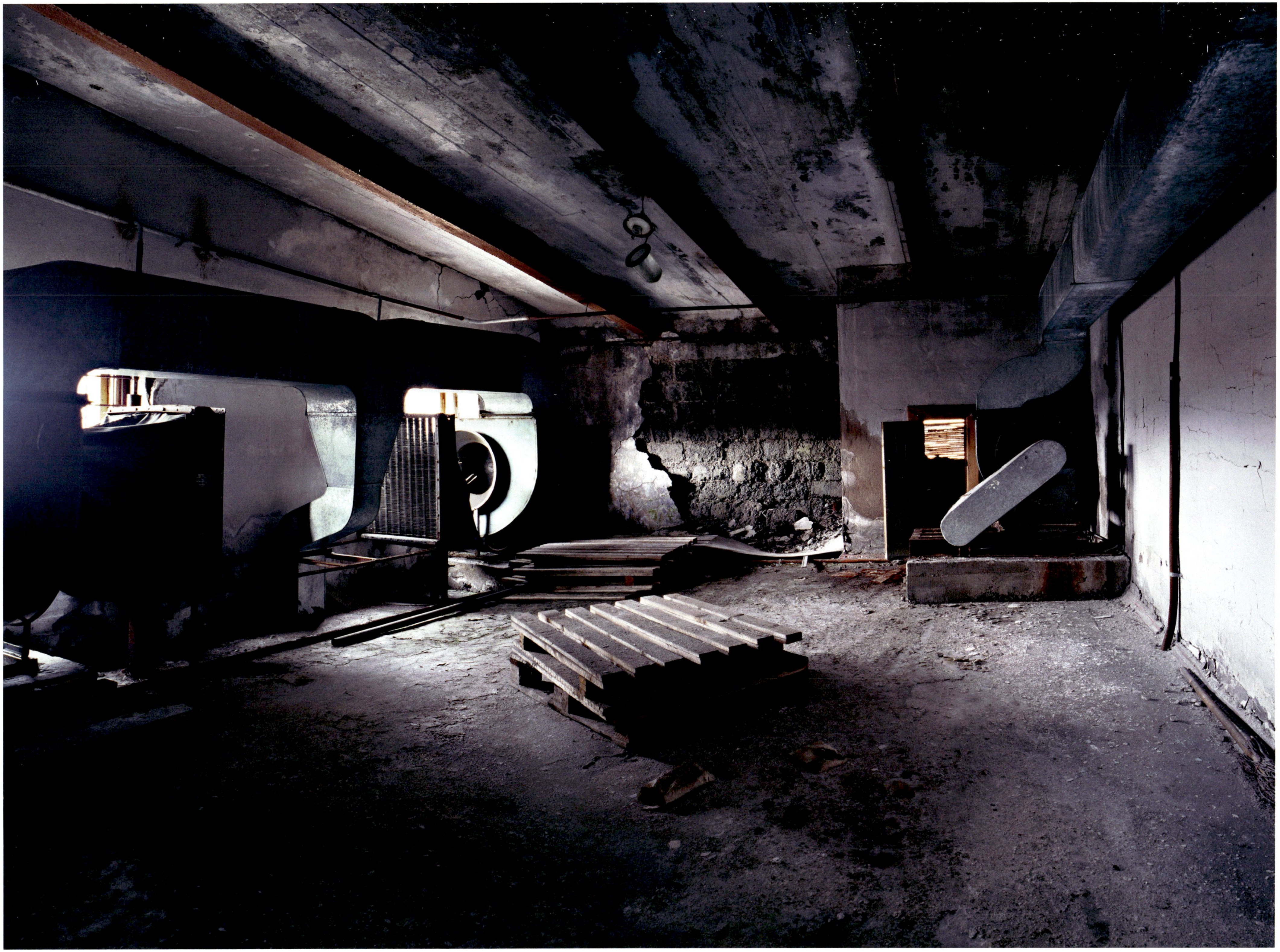

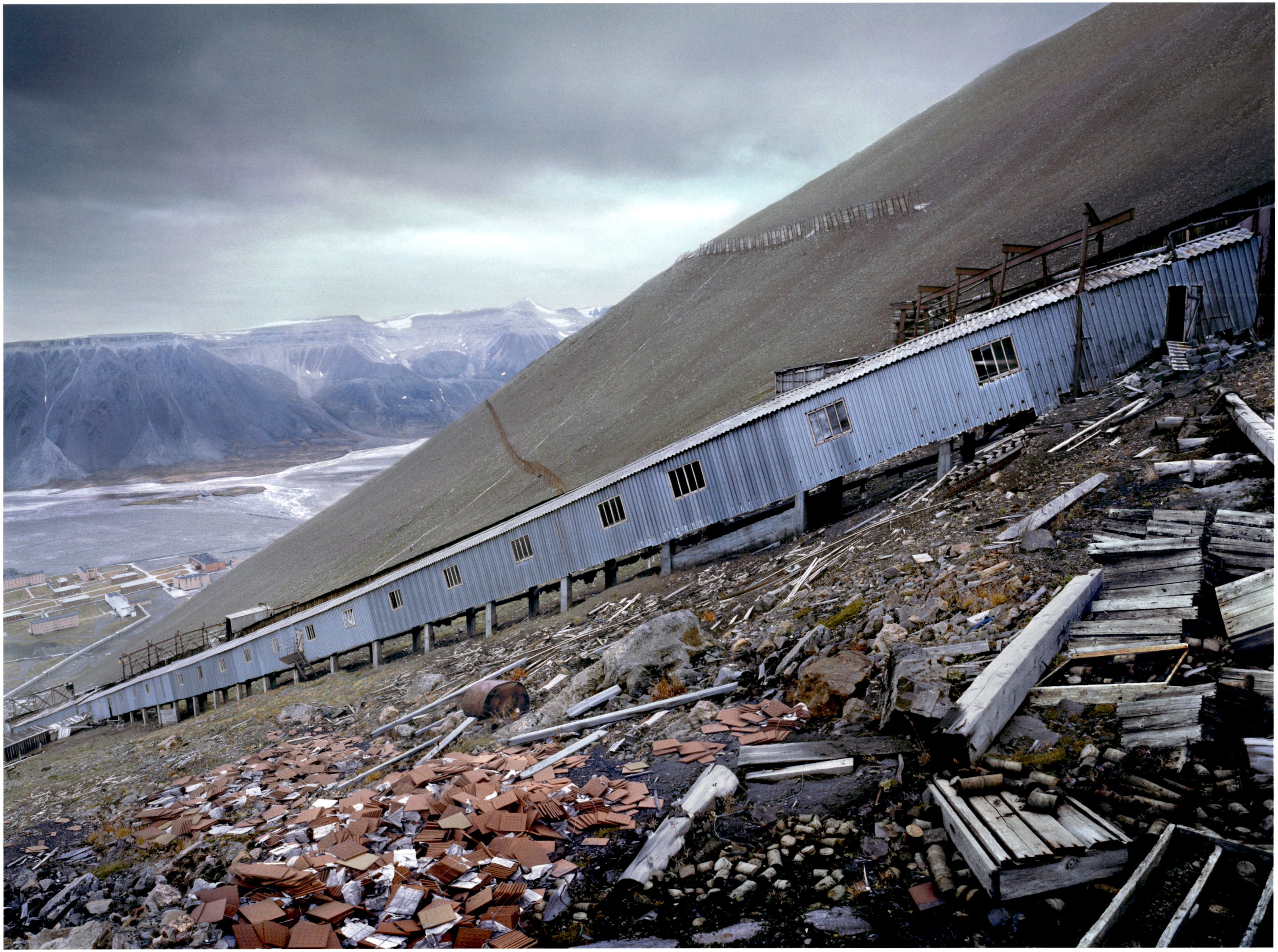

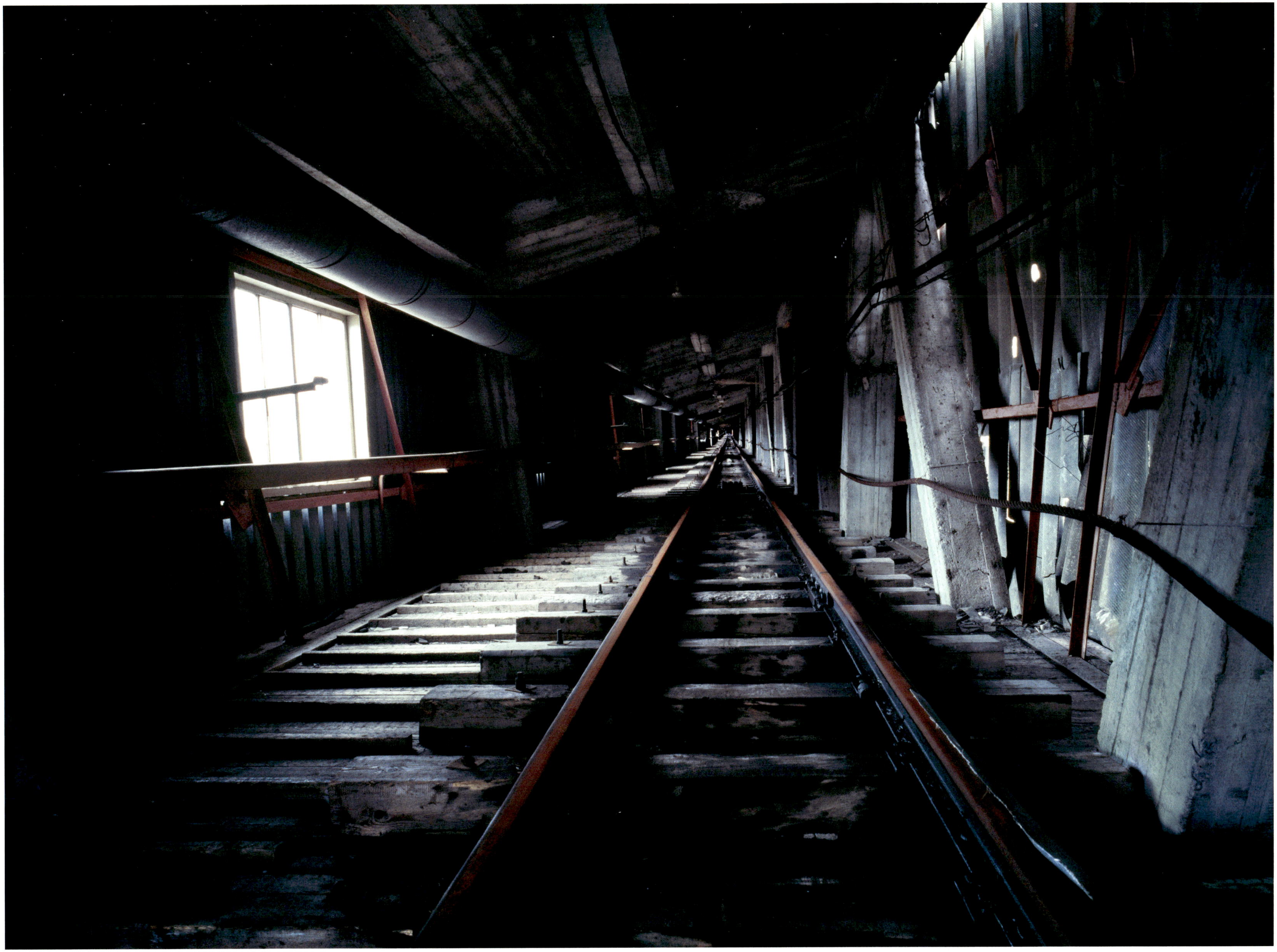

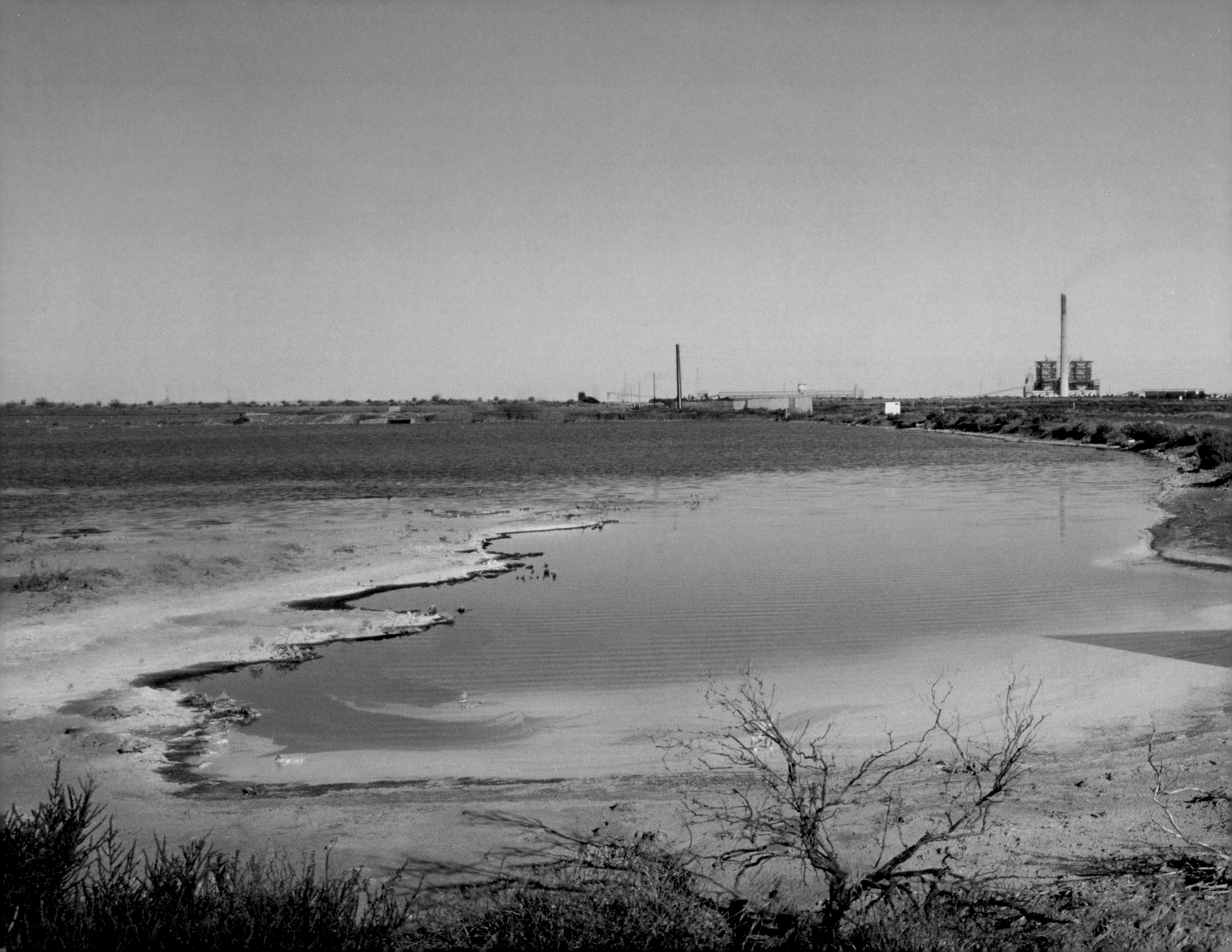

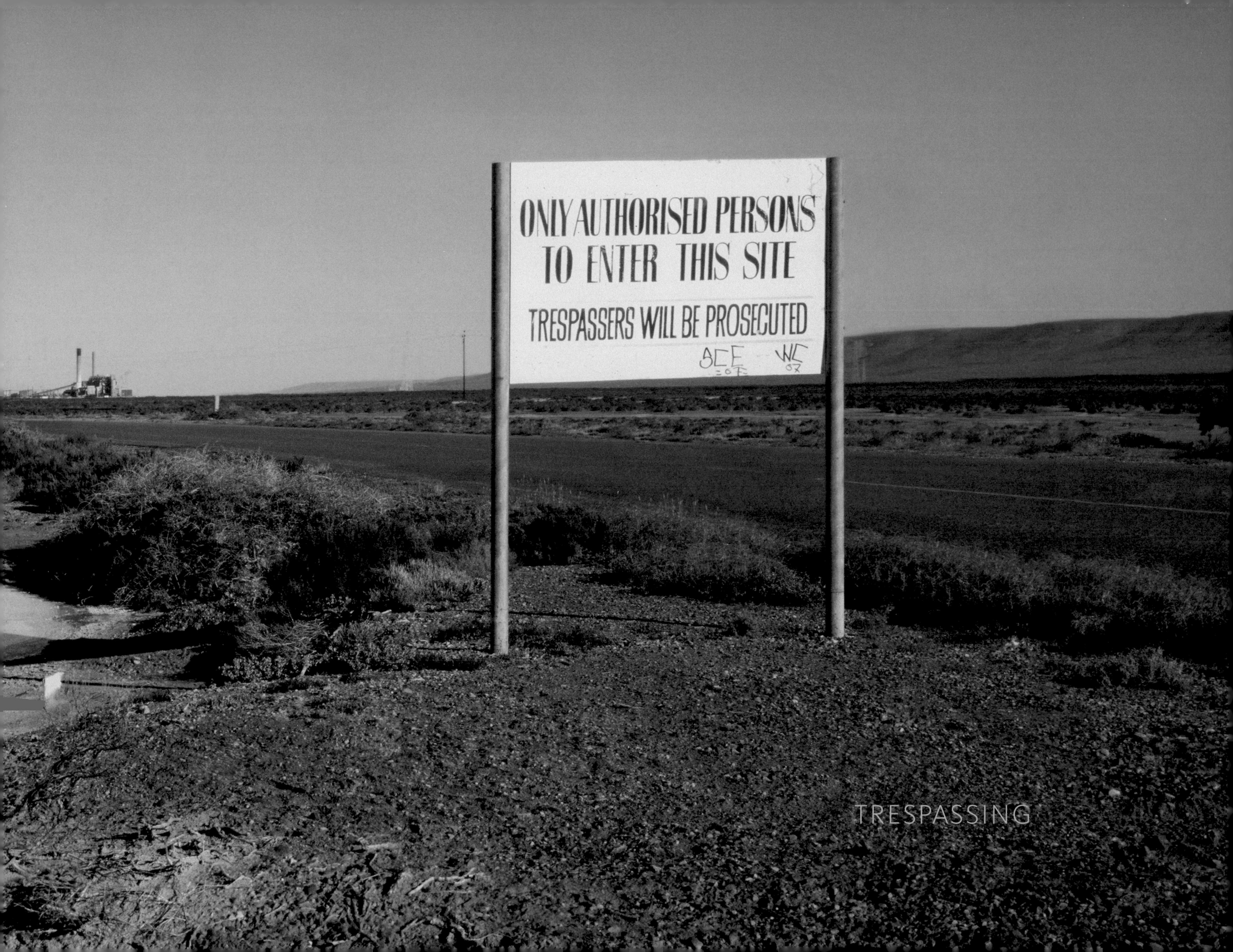

TRESPASSING

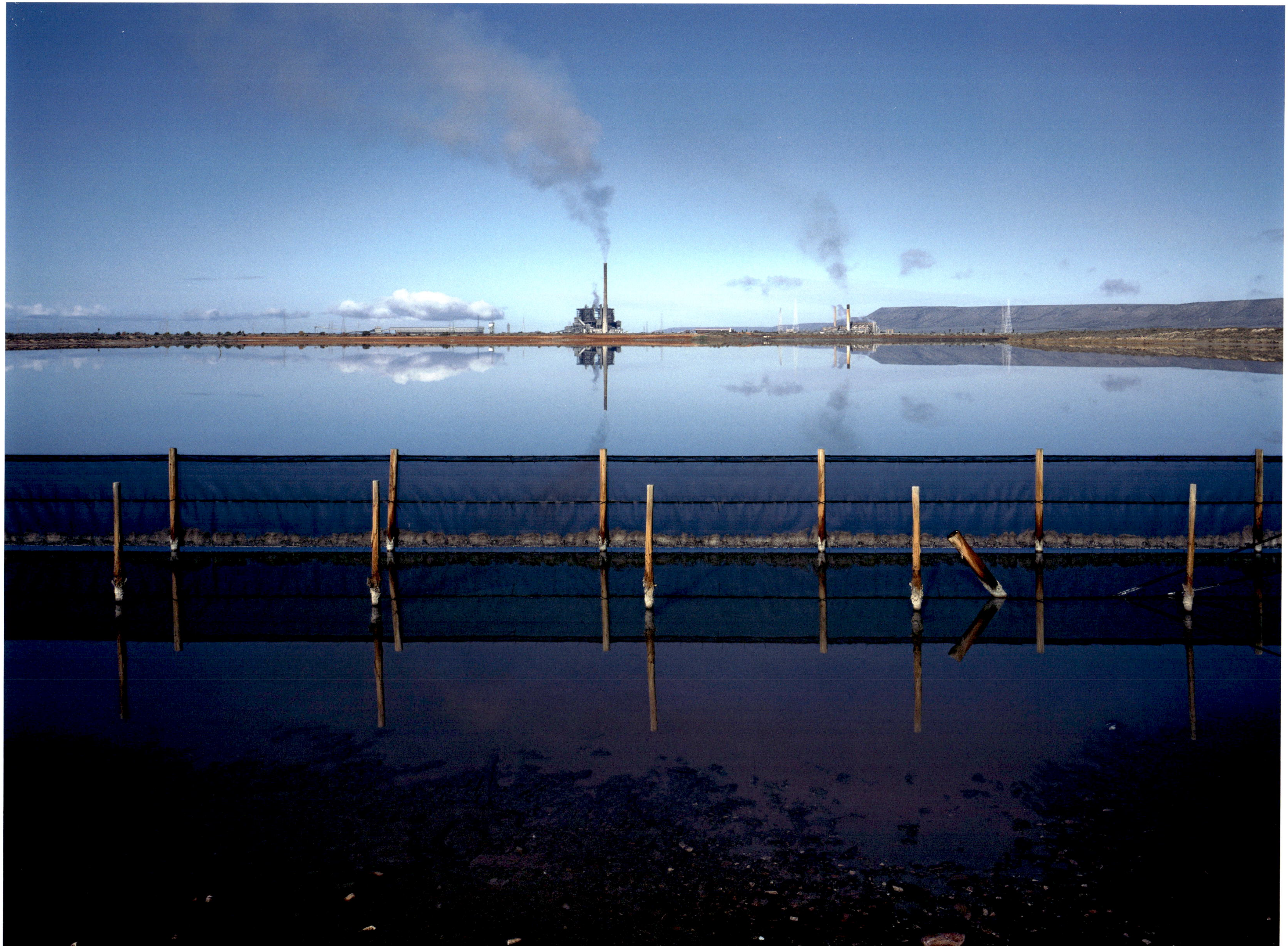

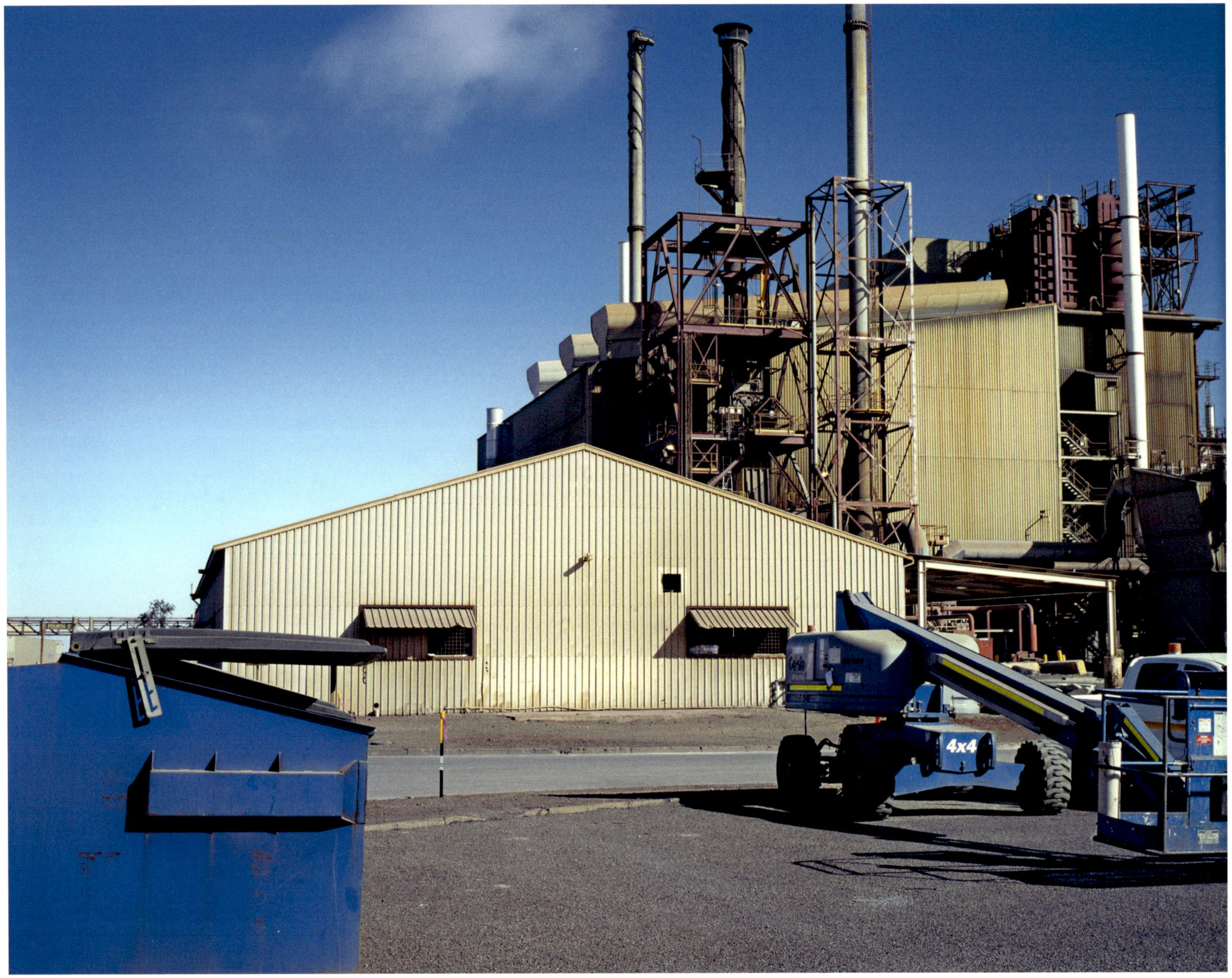

Olympic Dam Mine, 2010

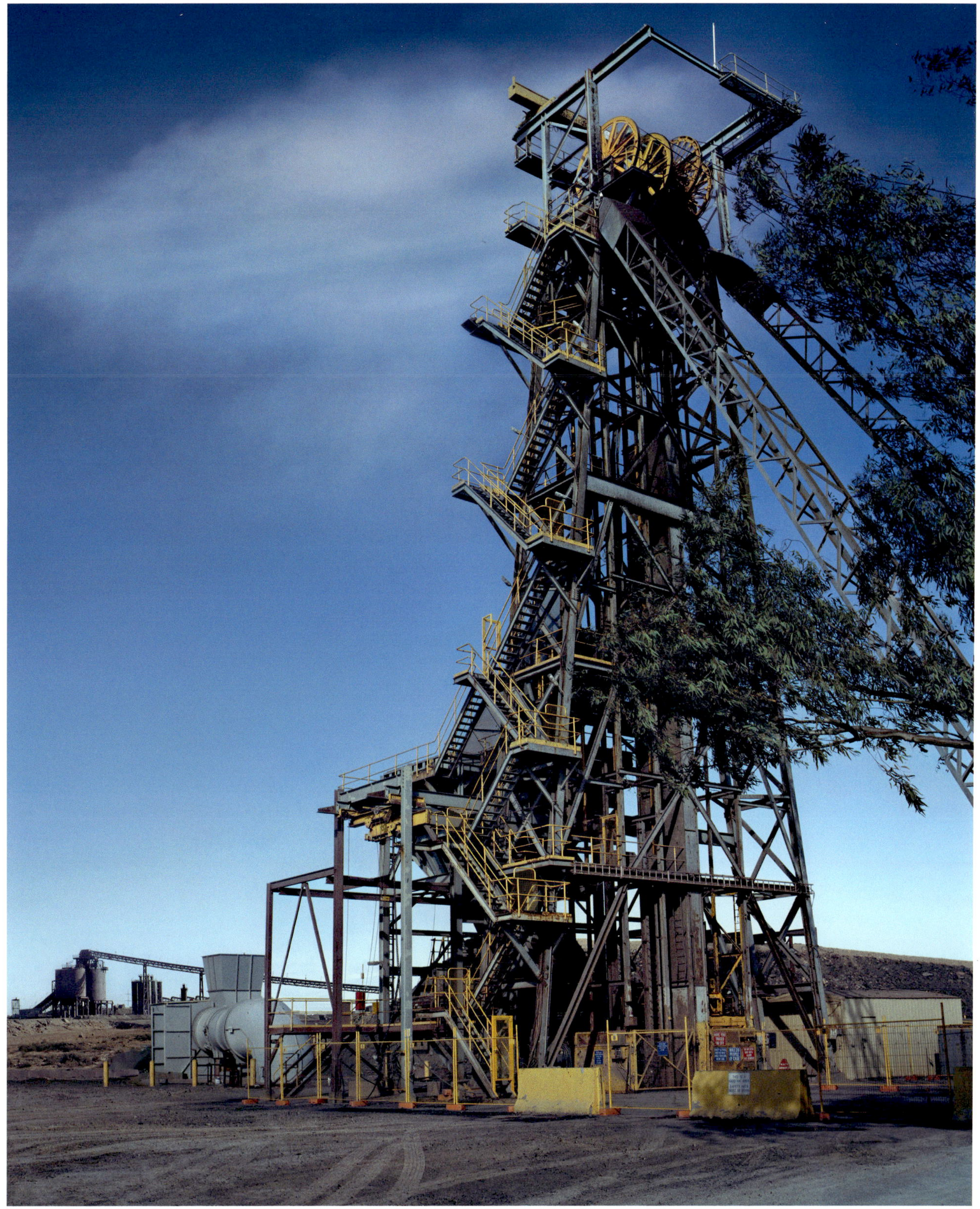

Olympic Dam Uranium, 2010

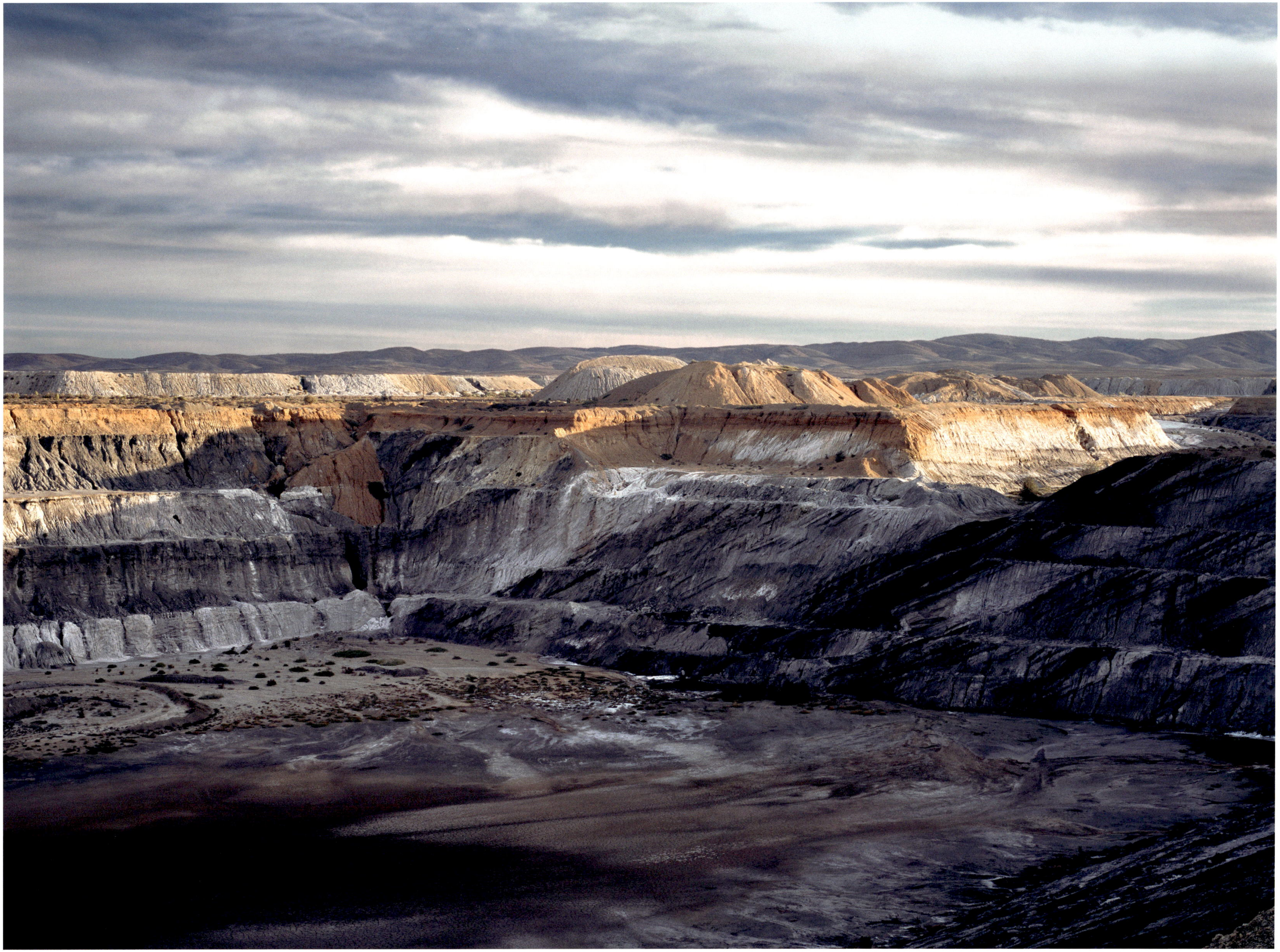

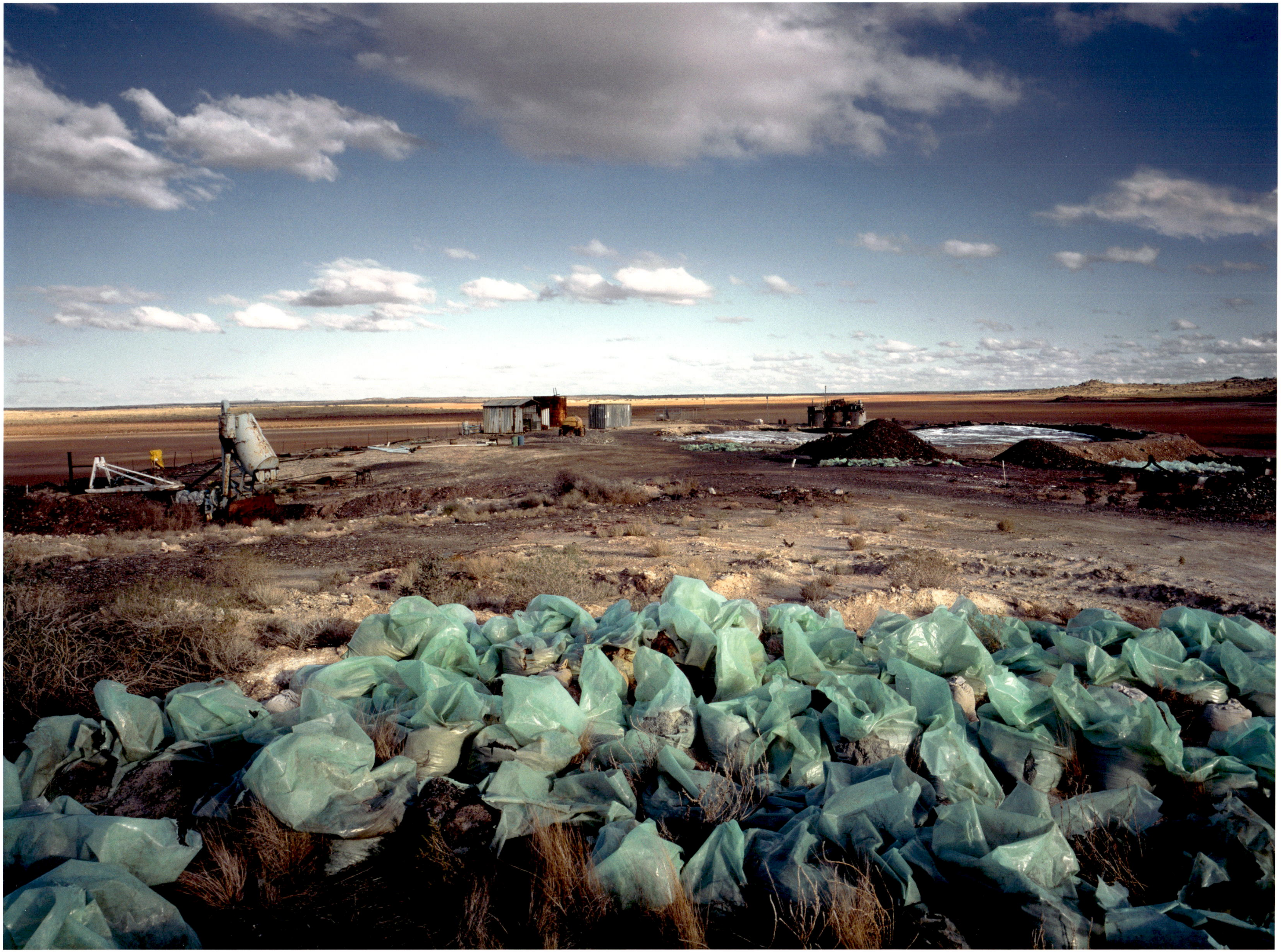

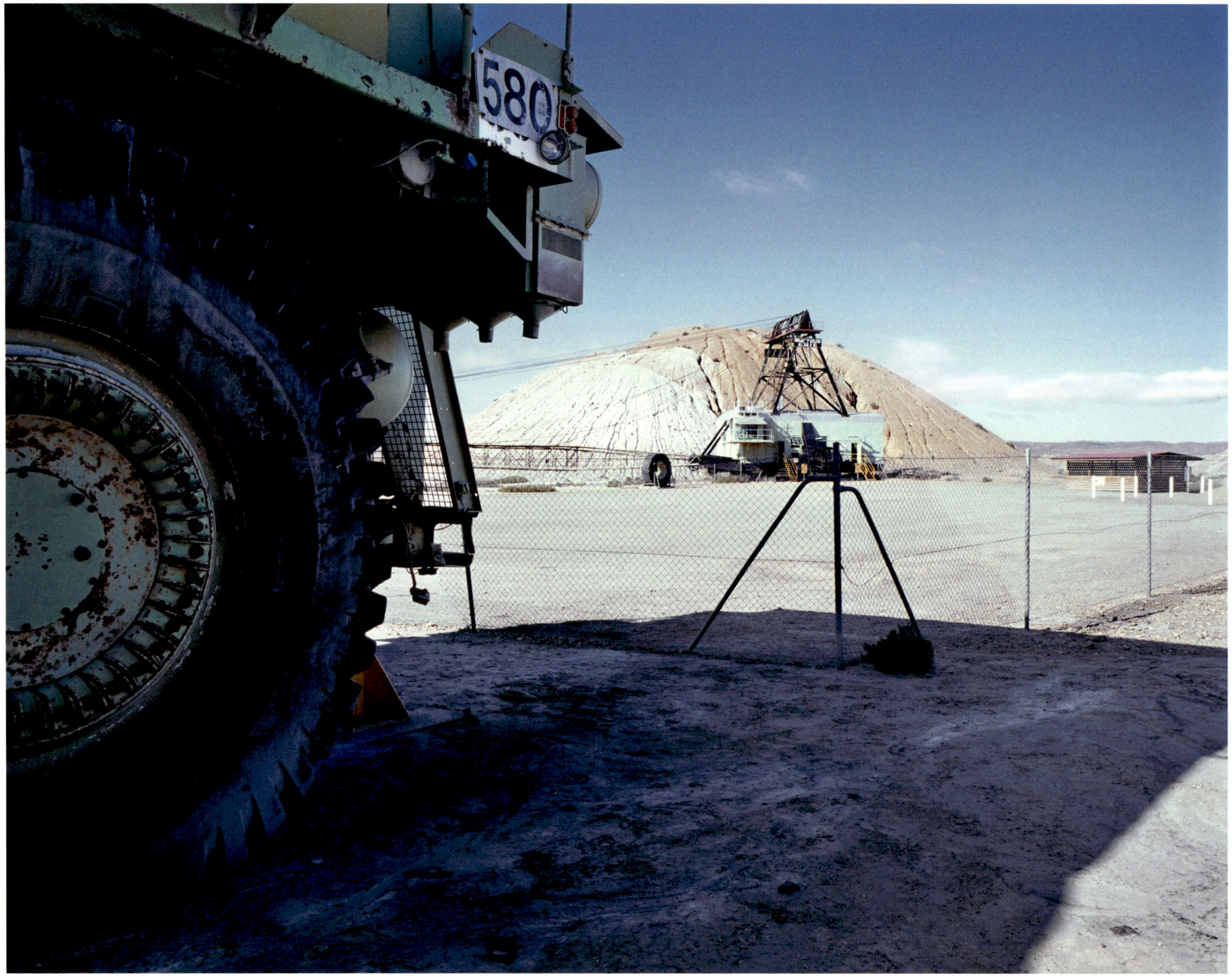

Leigh Creek Mine, 2008

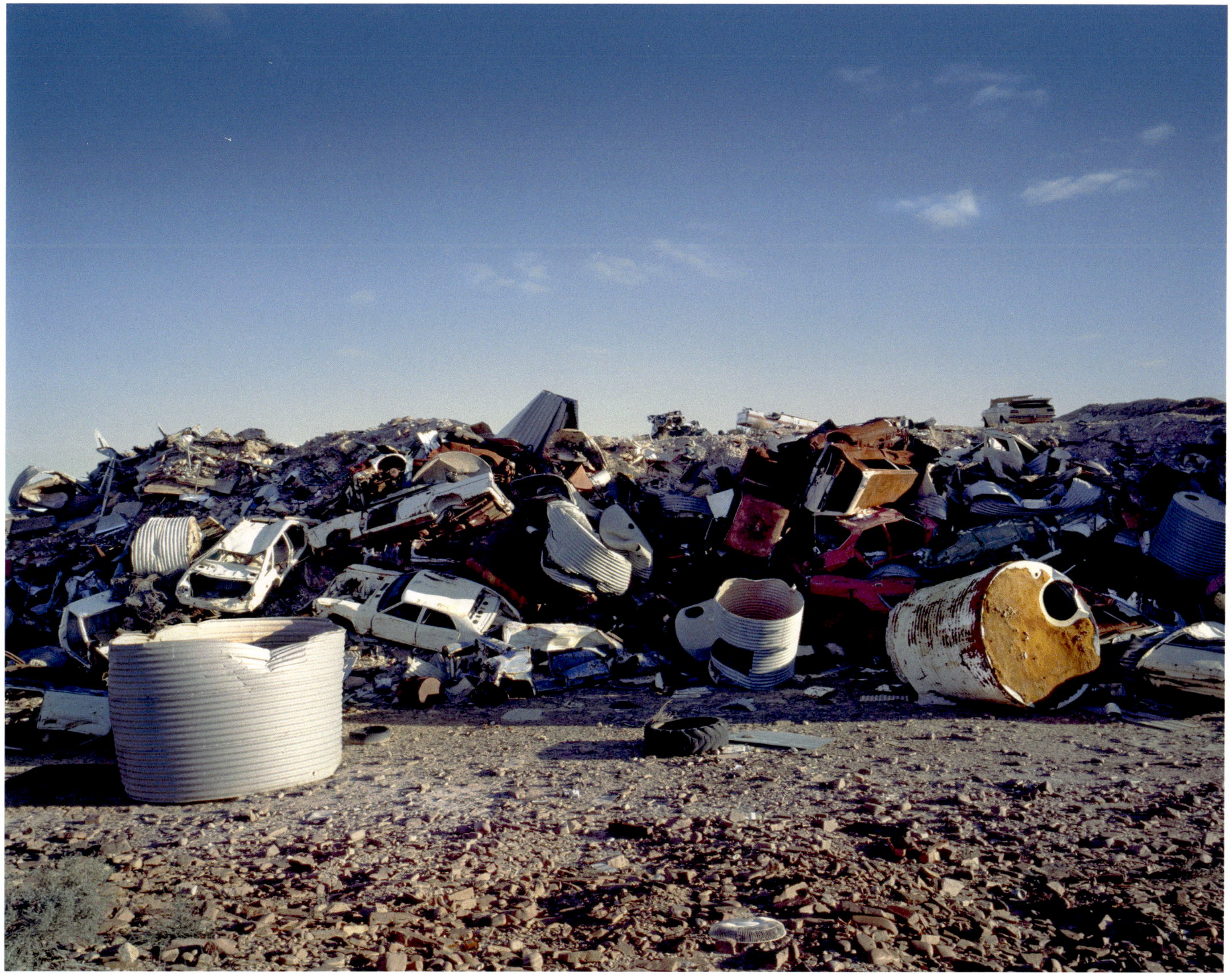

Andamooka Car Cemetery, 2011

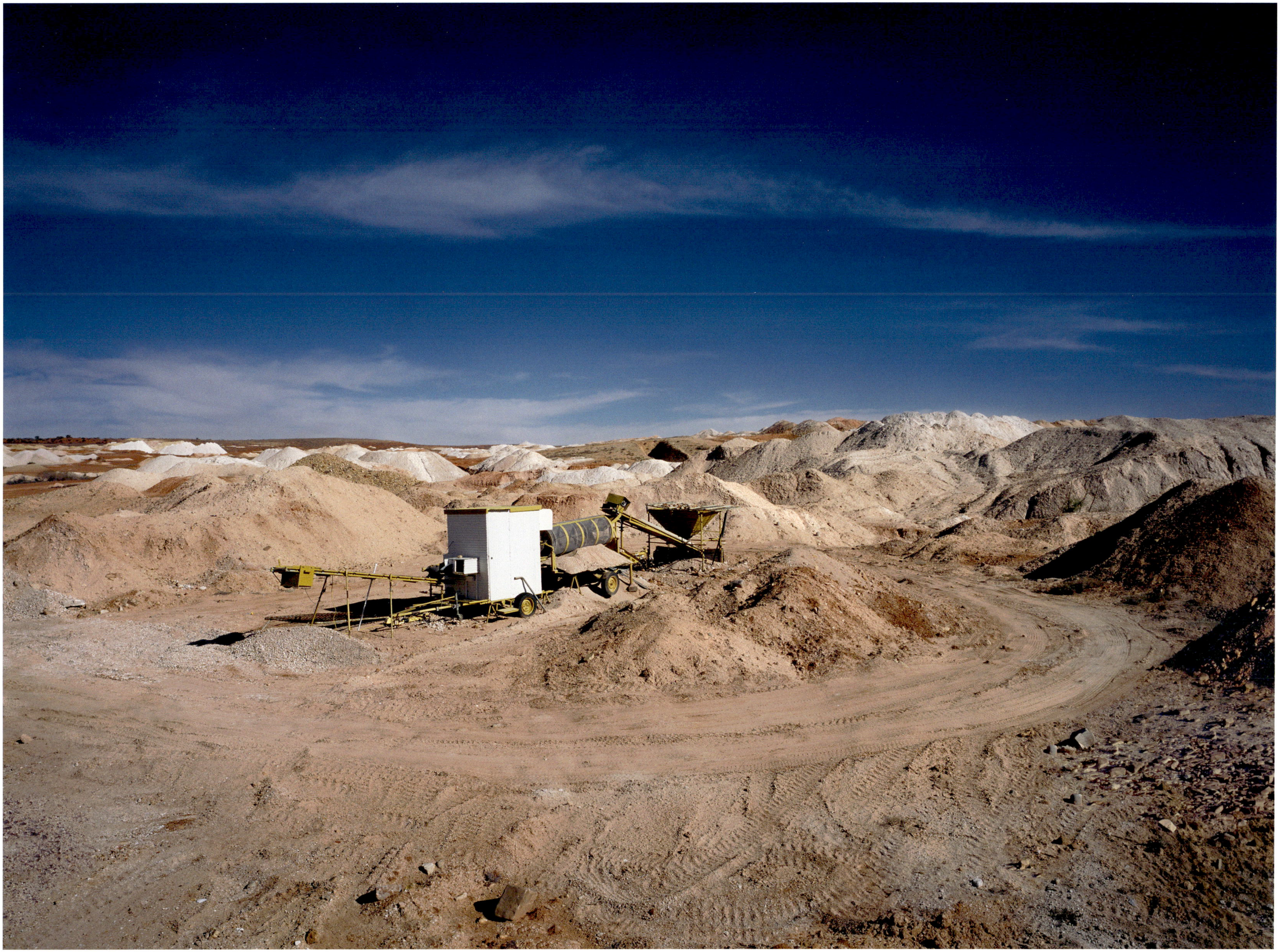

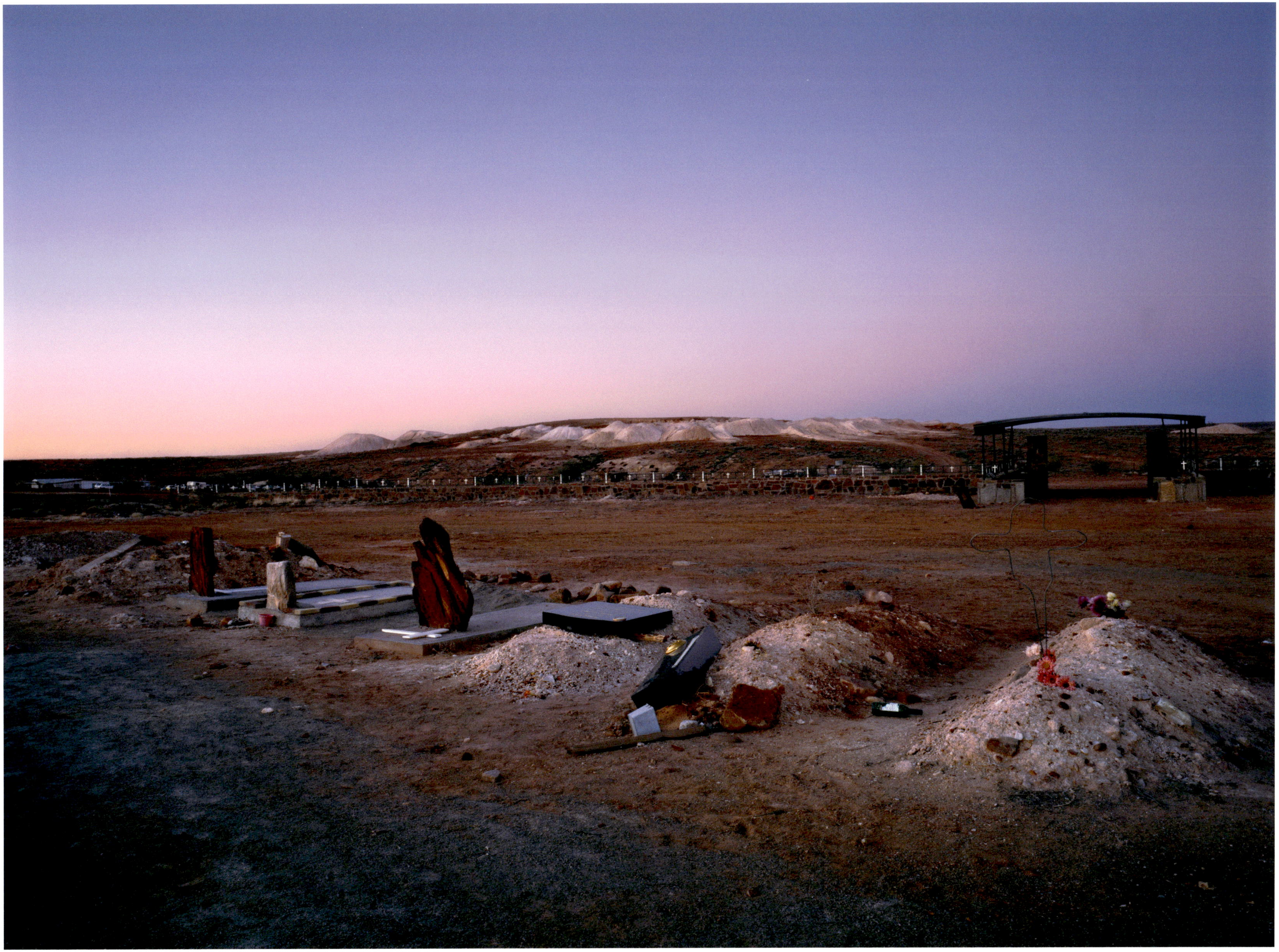

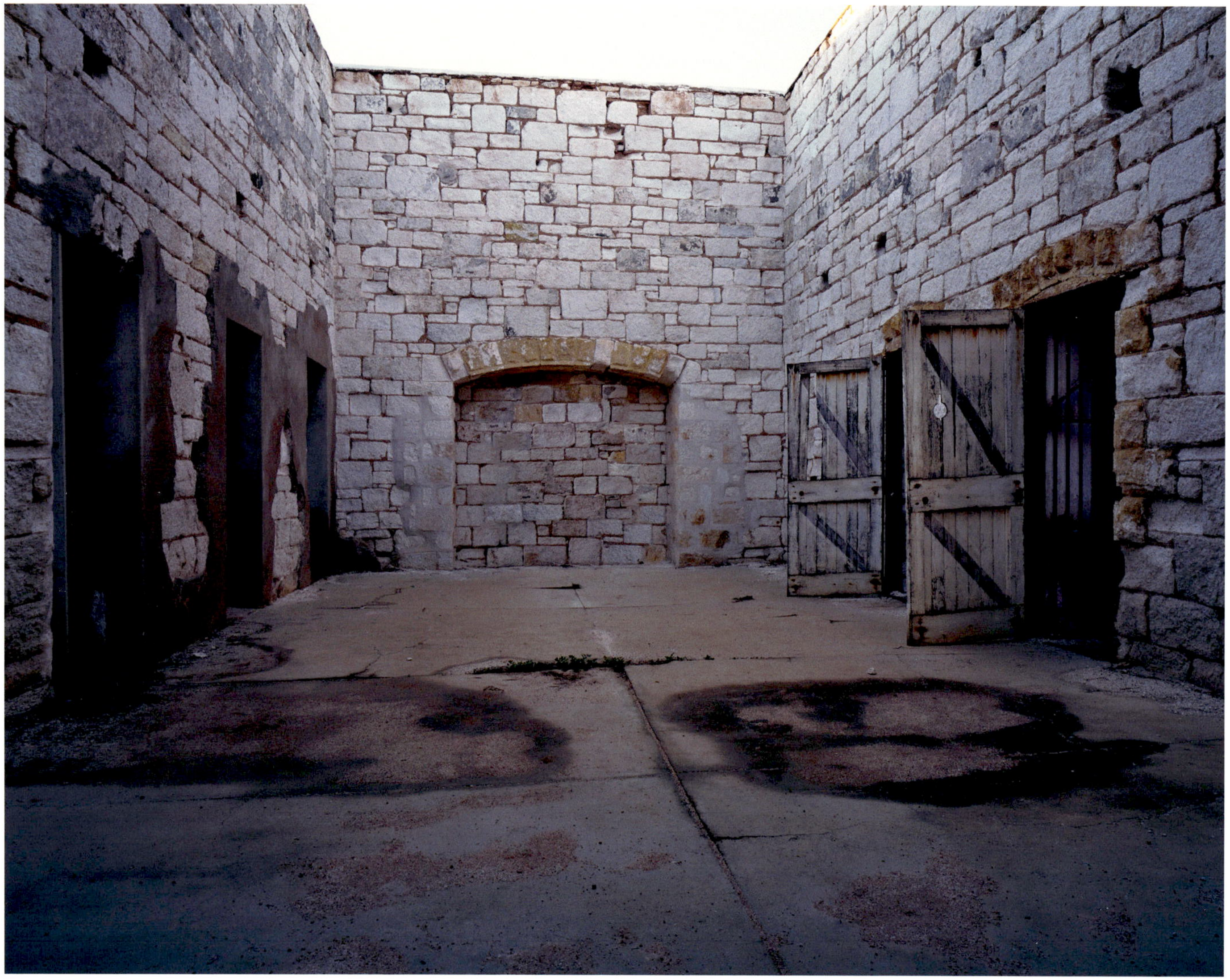

Cue Old Prison, 2010

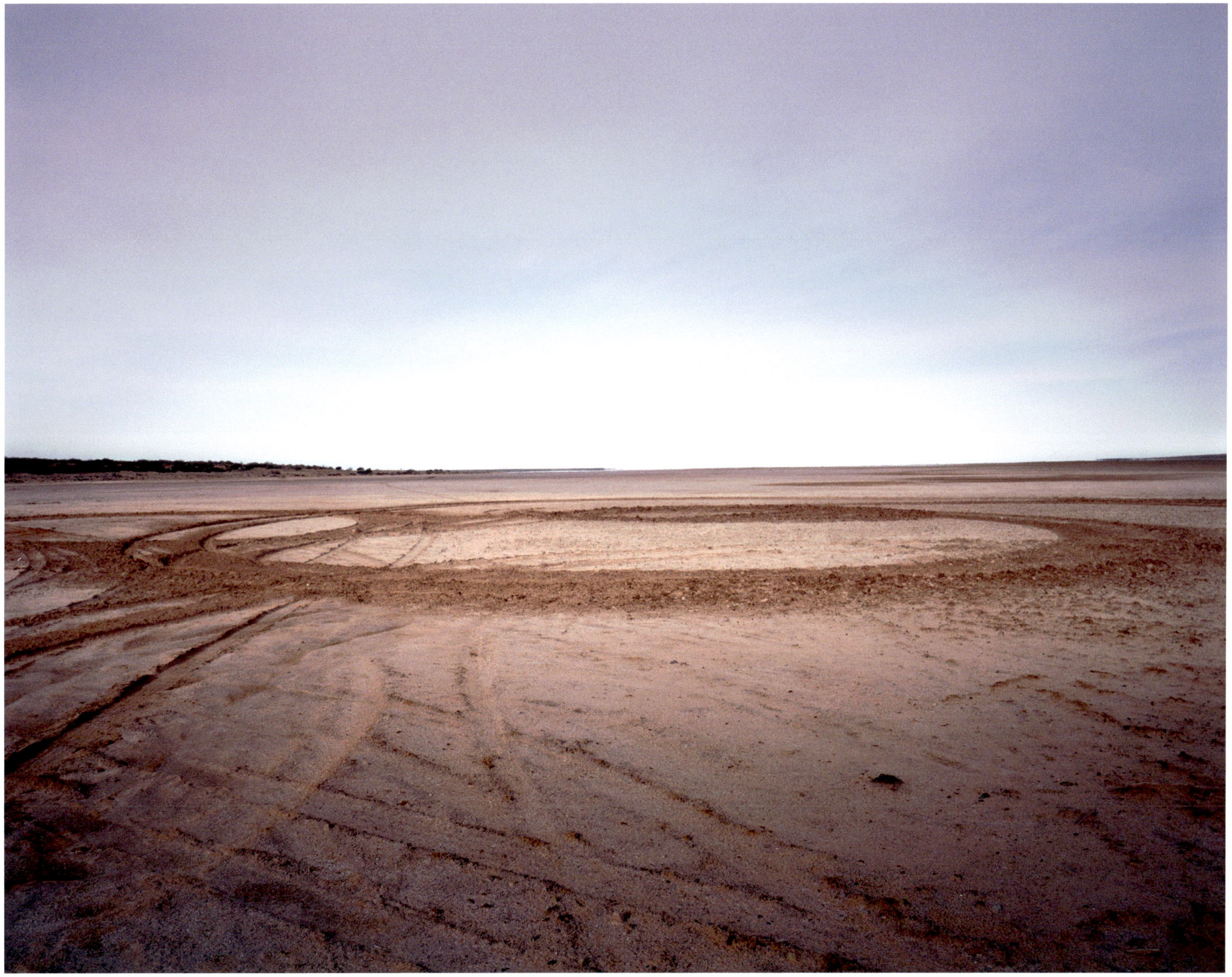

Andamooka Desert, 2010

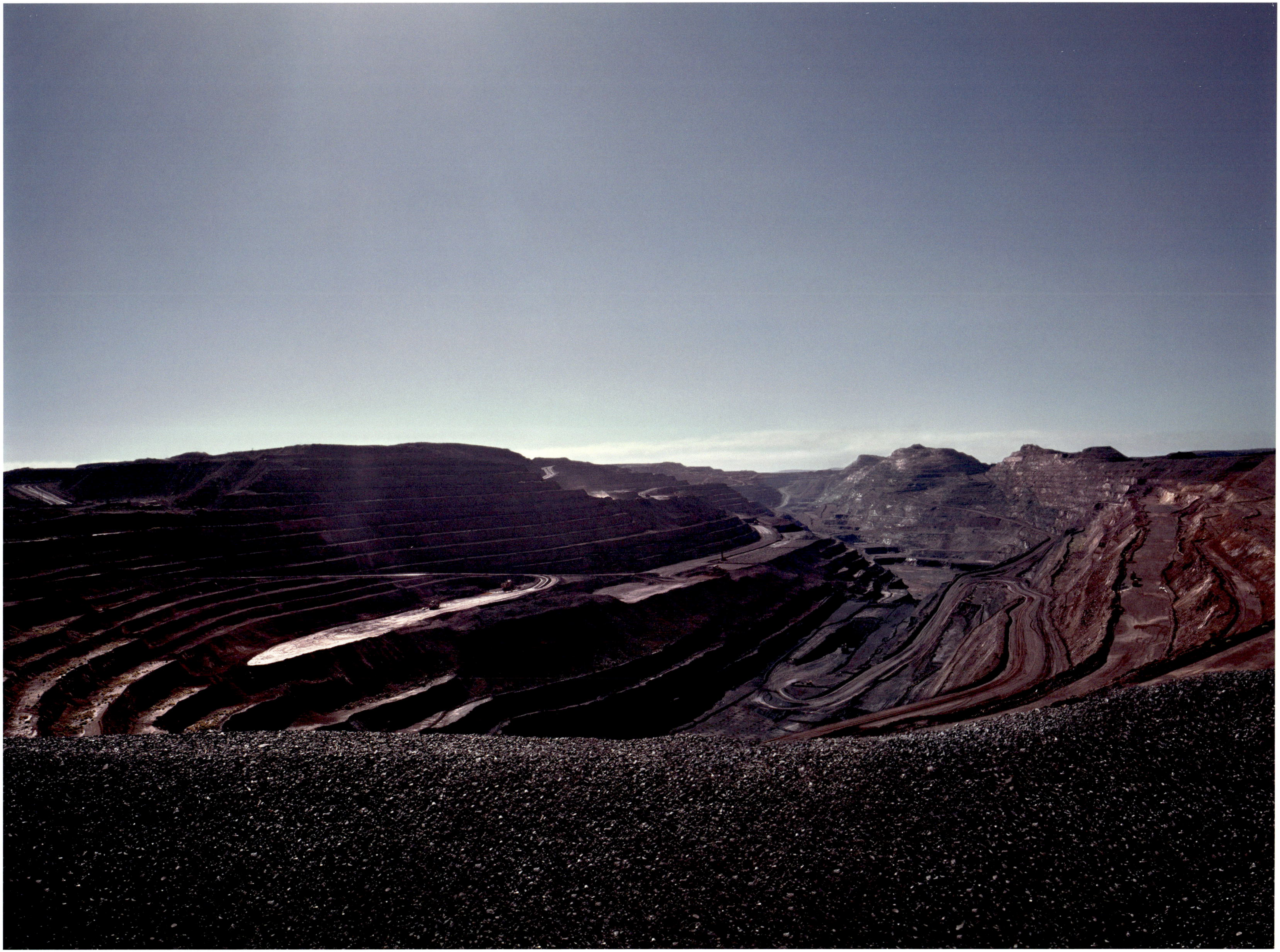

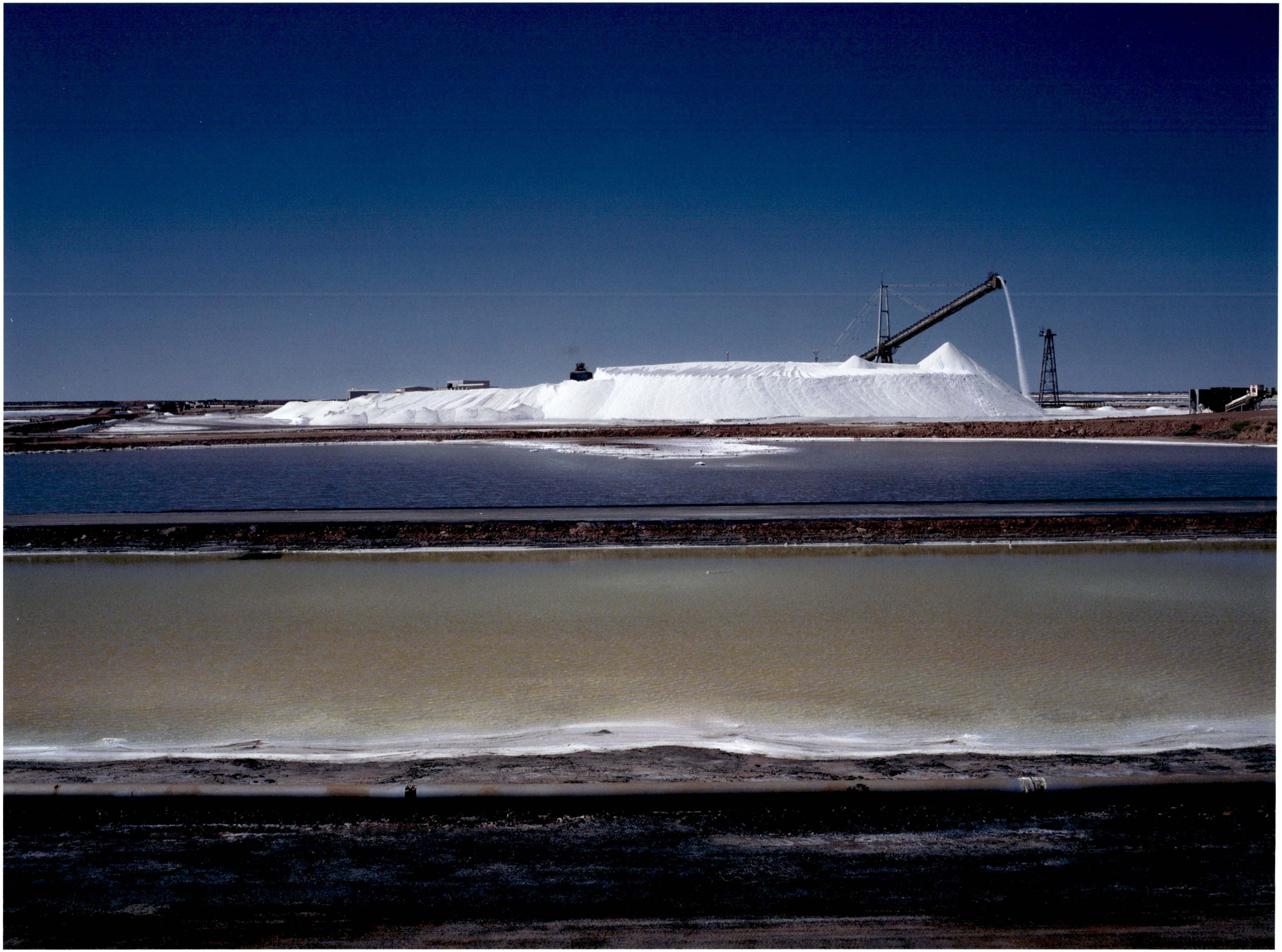

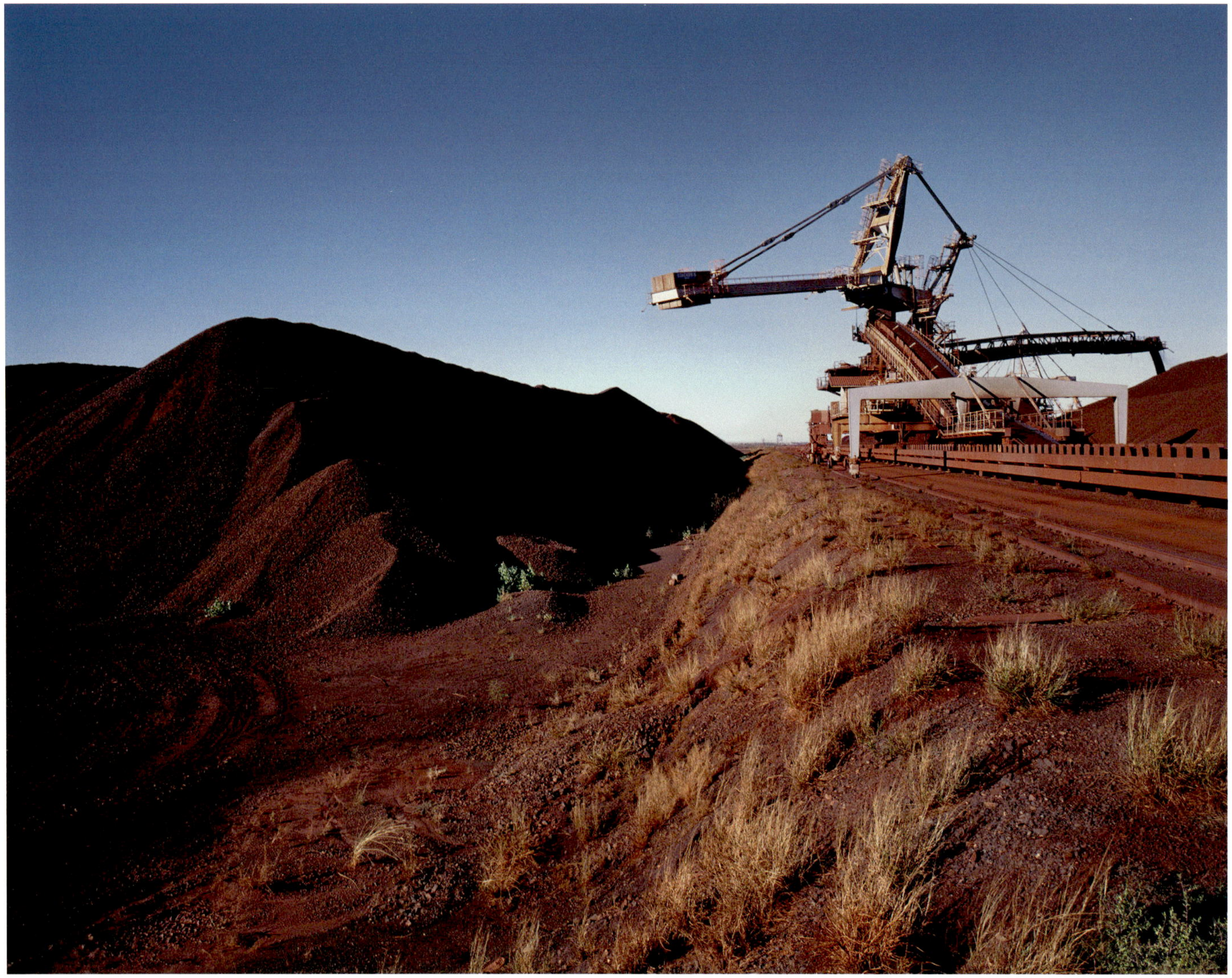

Port Headland BHP, 2010

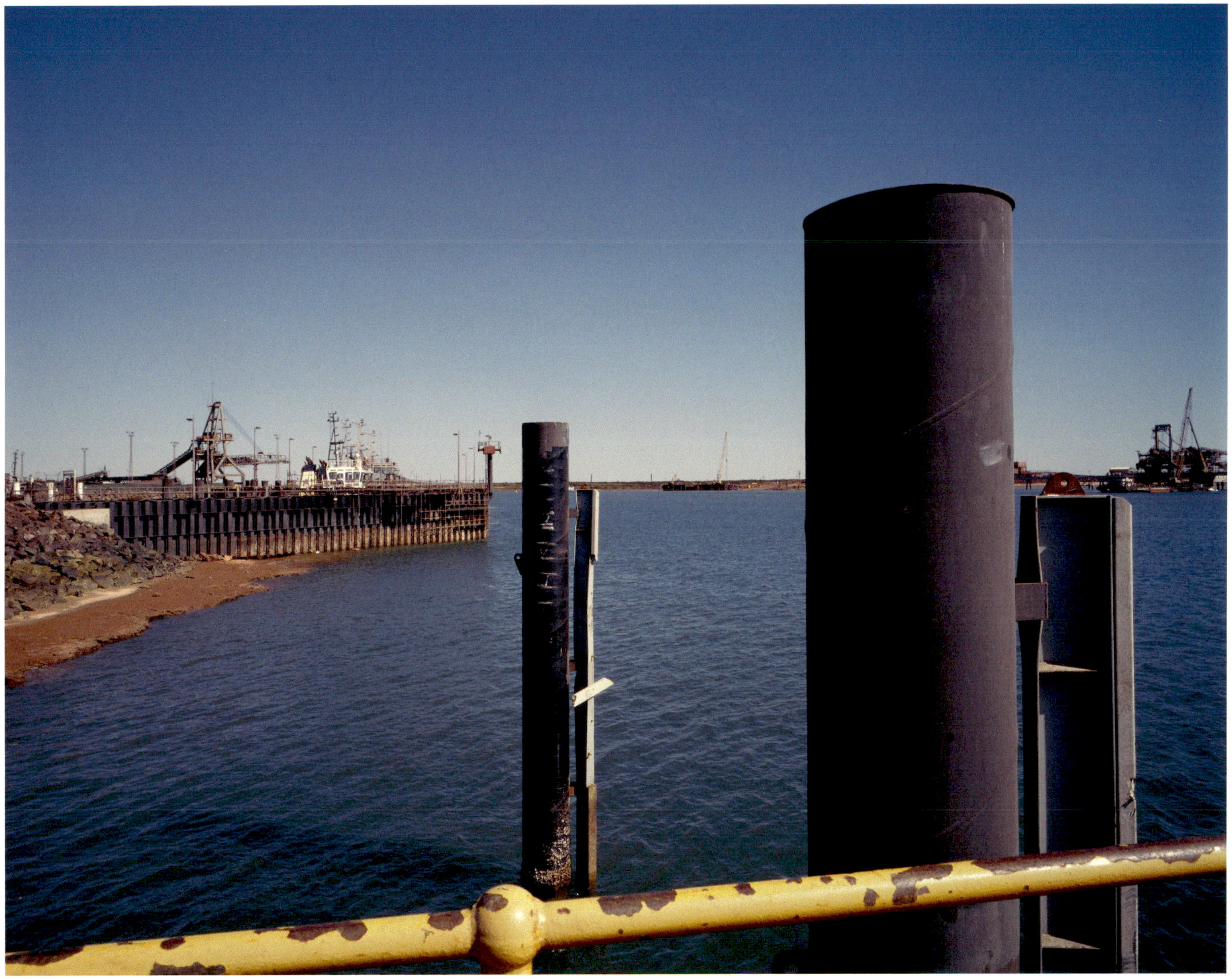

Port Headland Pier, 2010

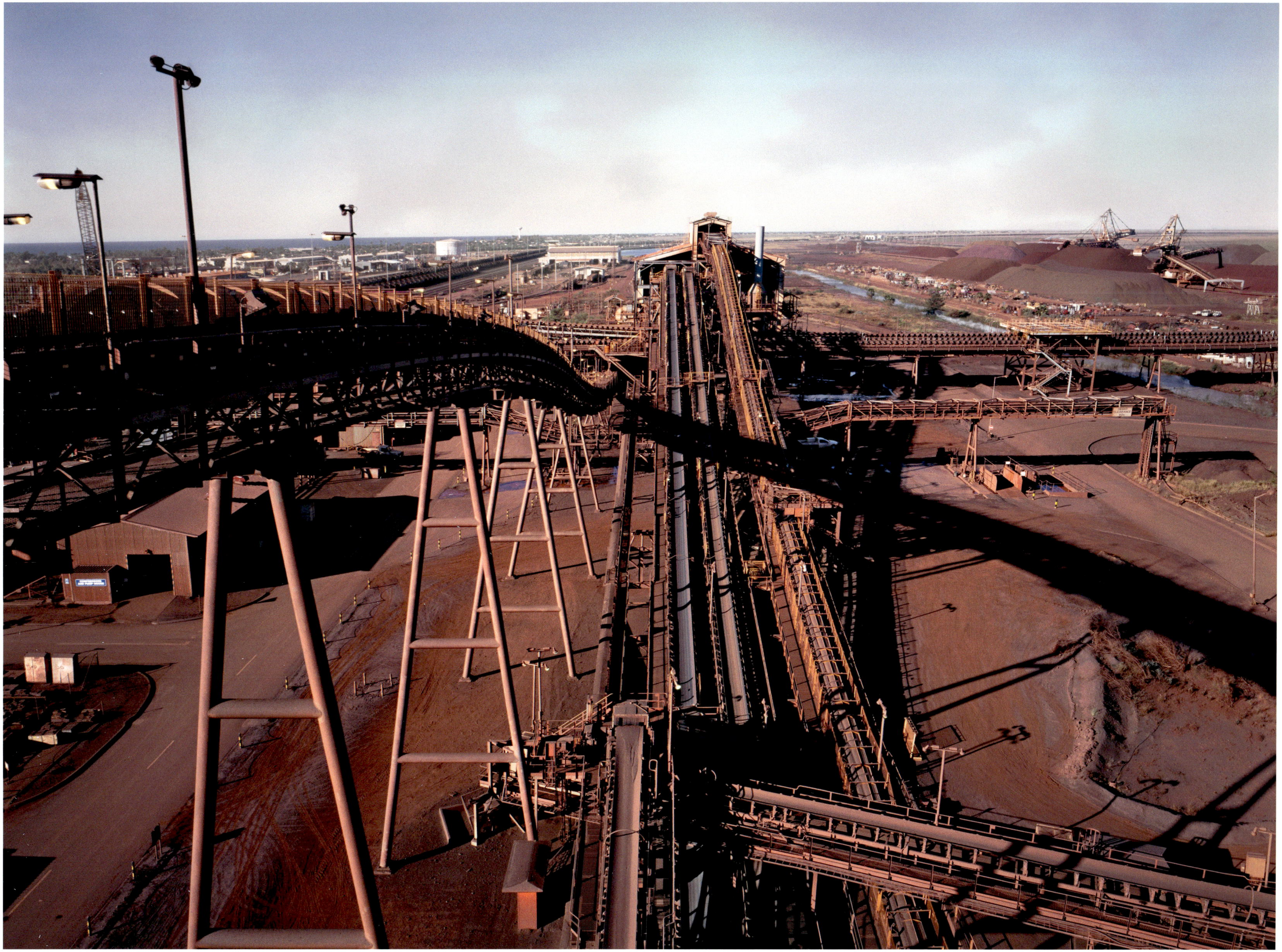

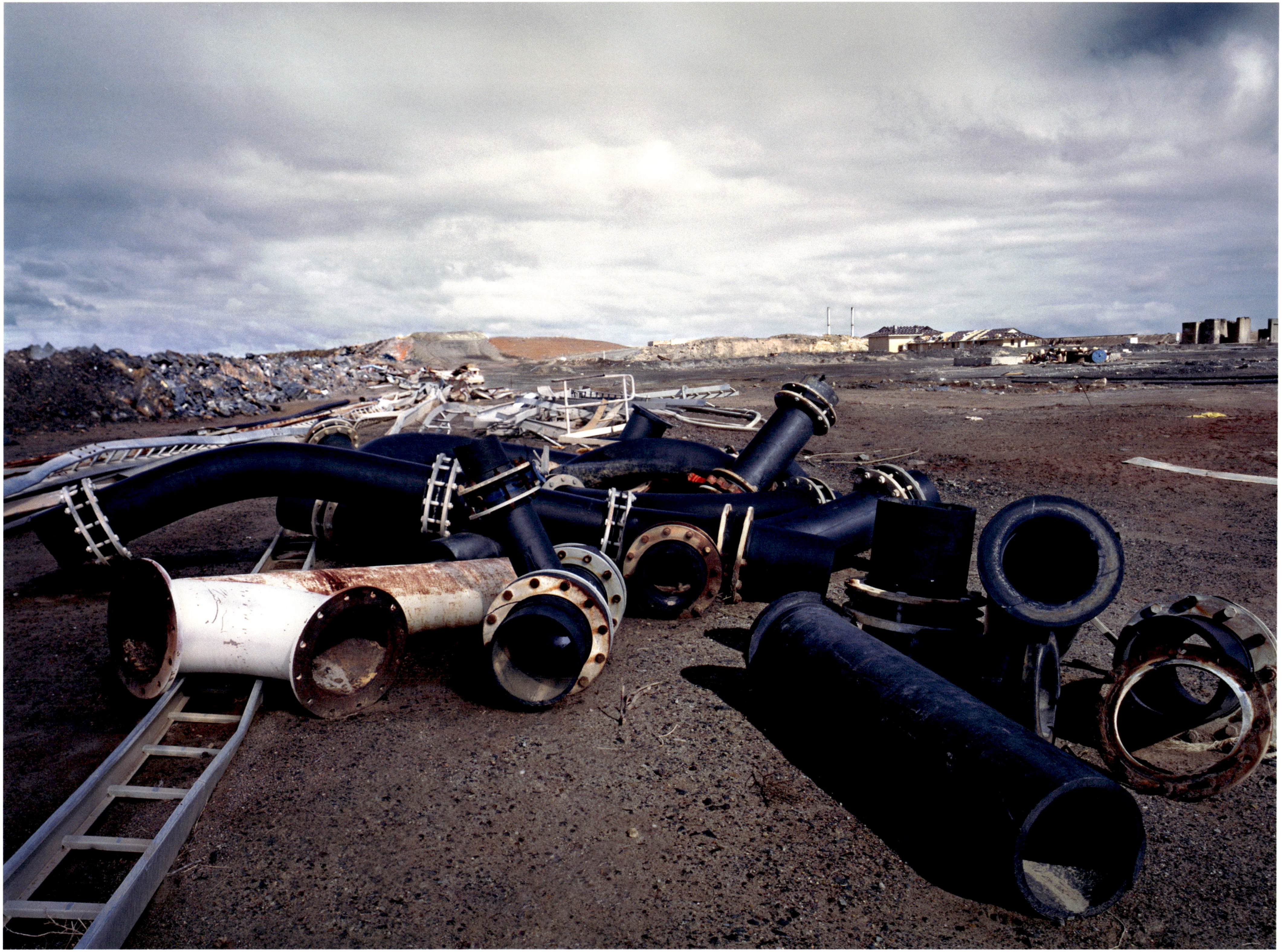

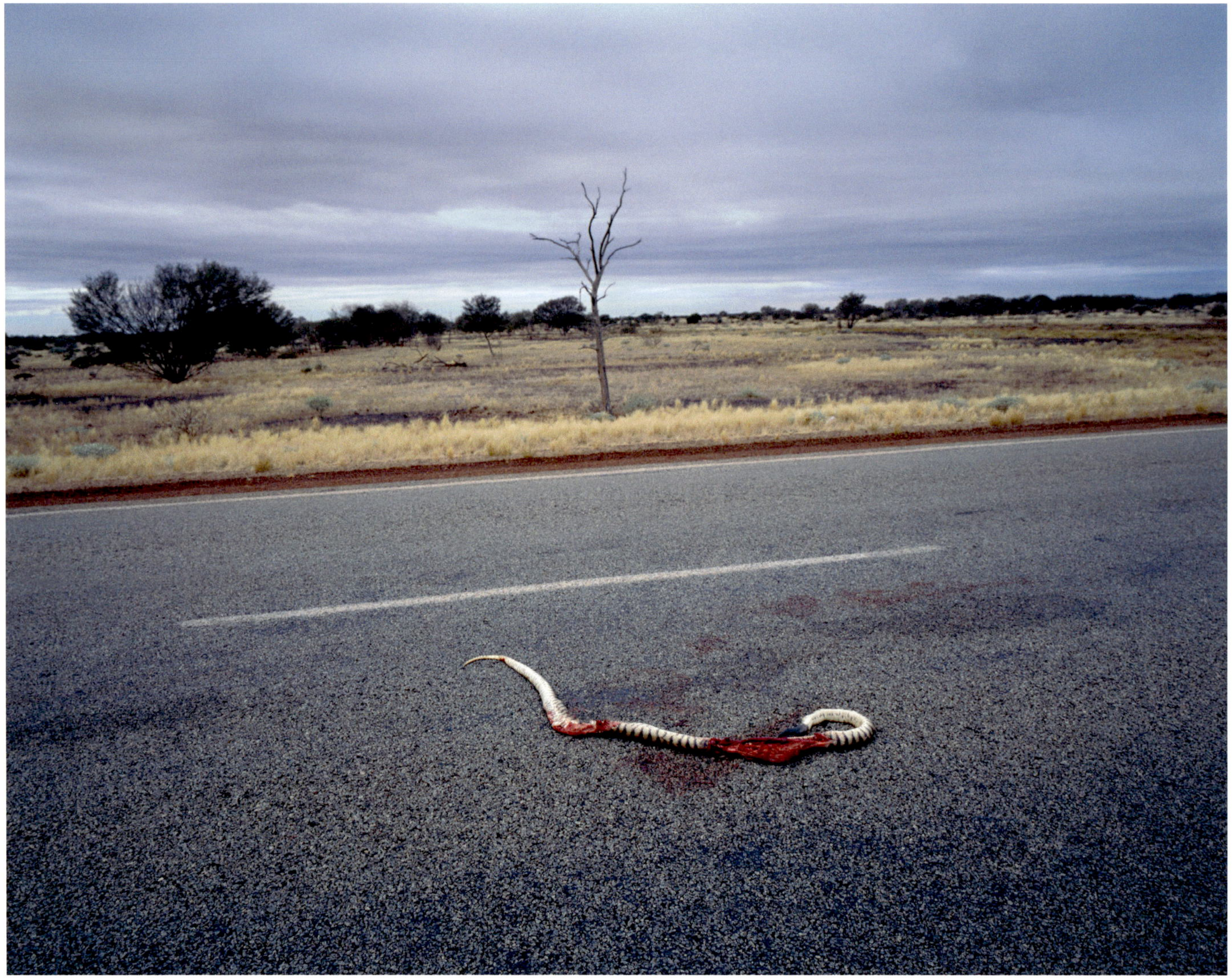

Highway to Newman, 2008

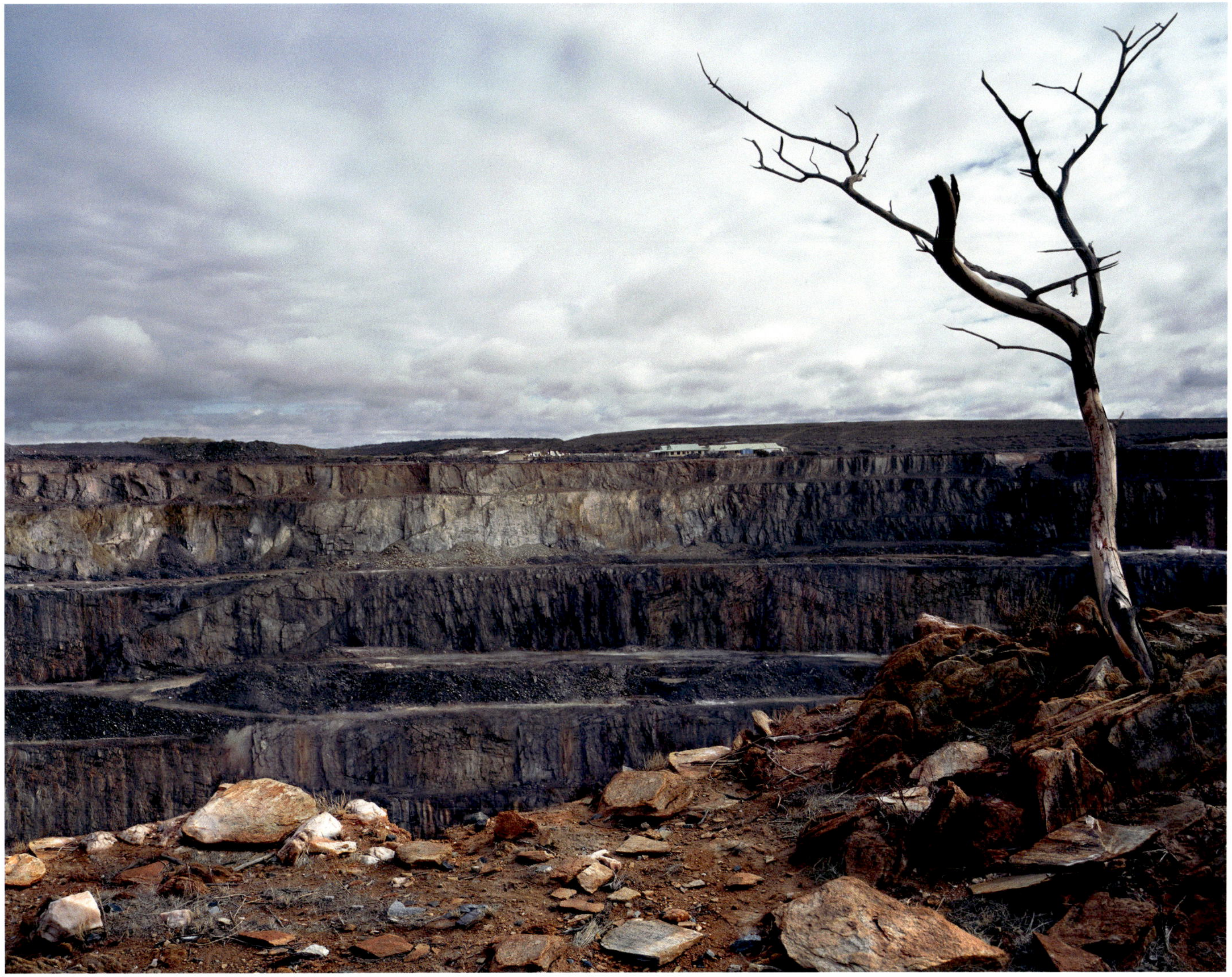

Big Bell Mine, 2011

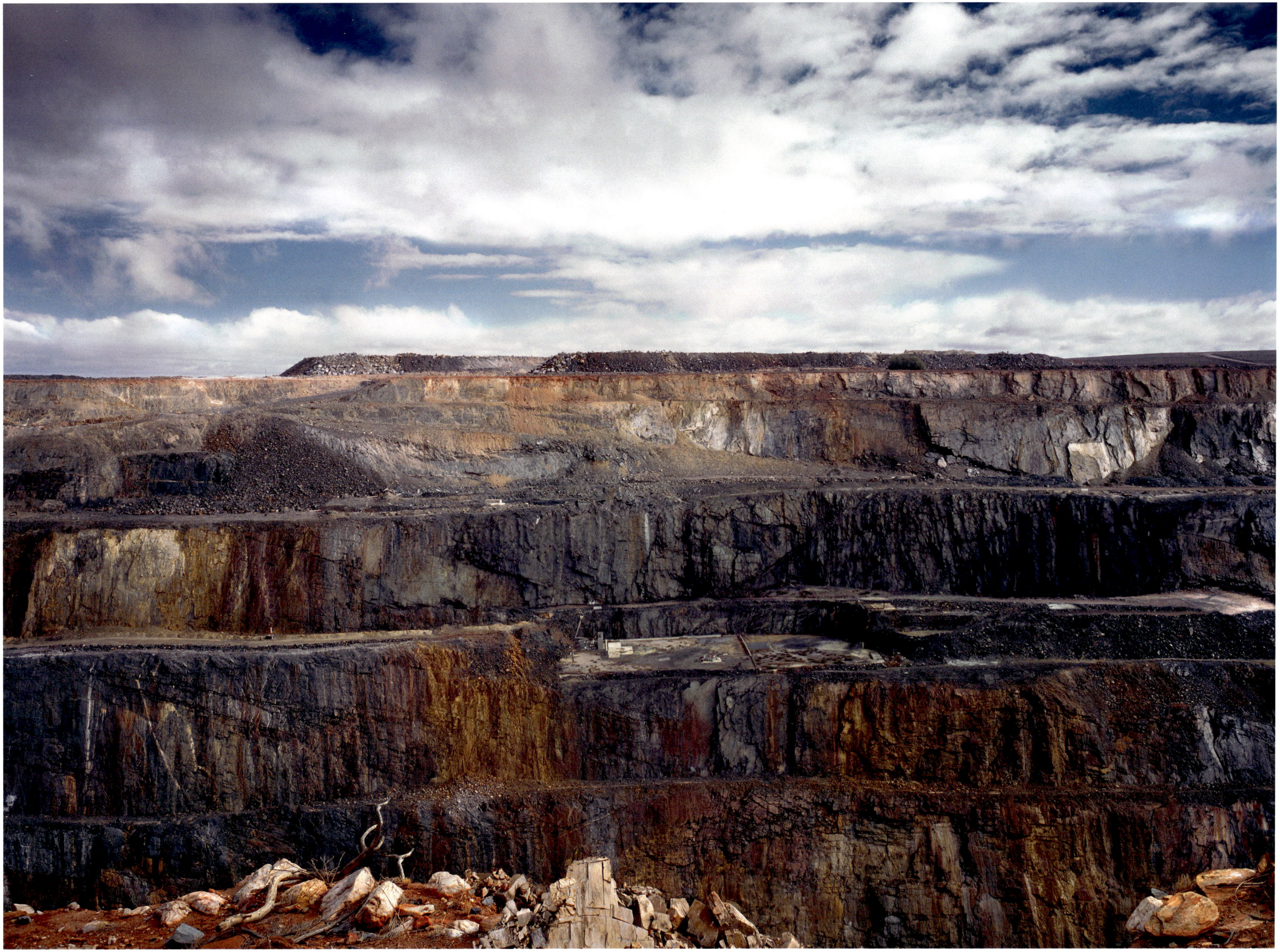

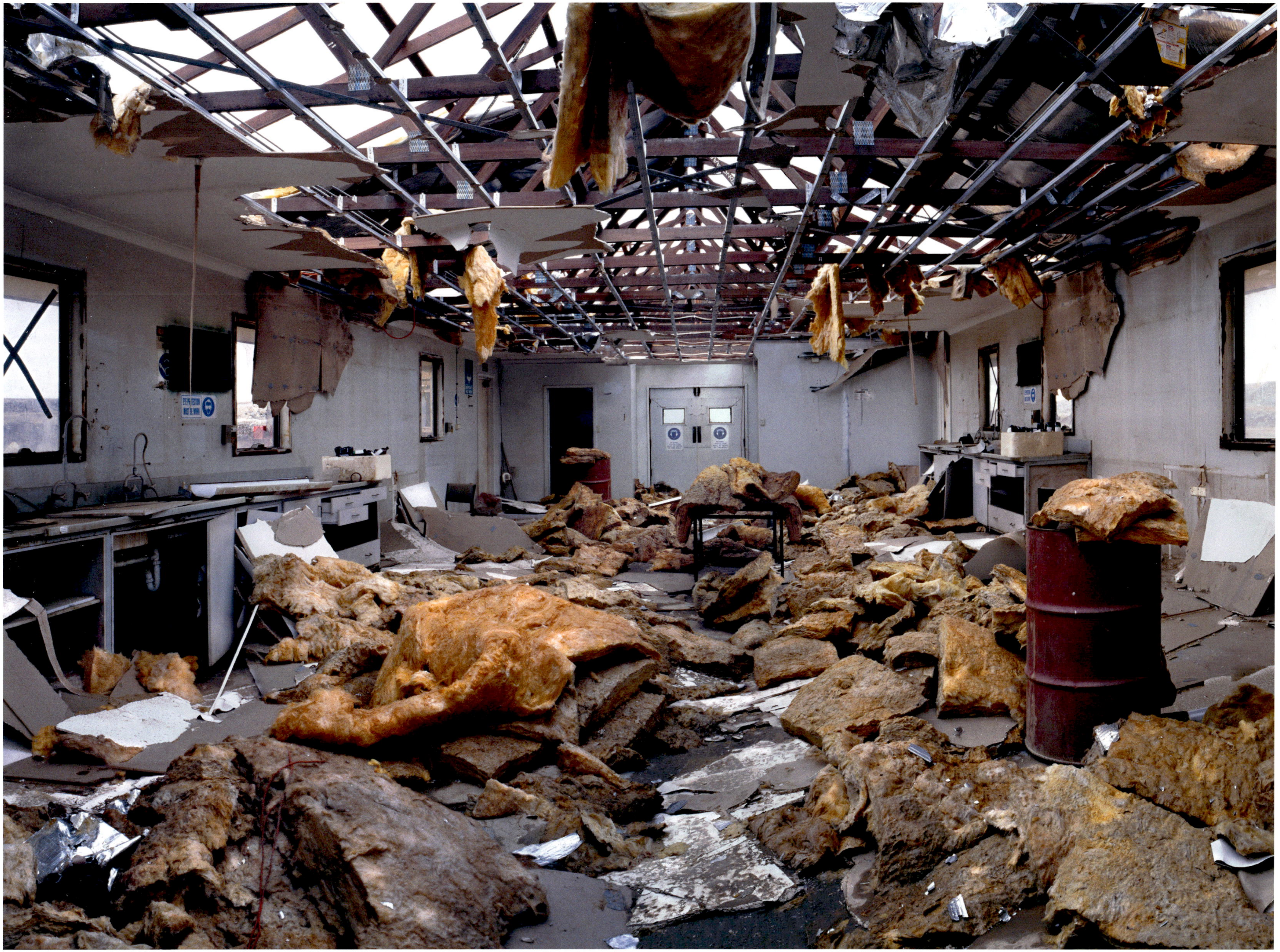

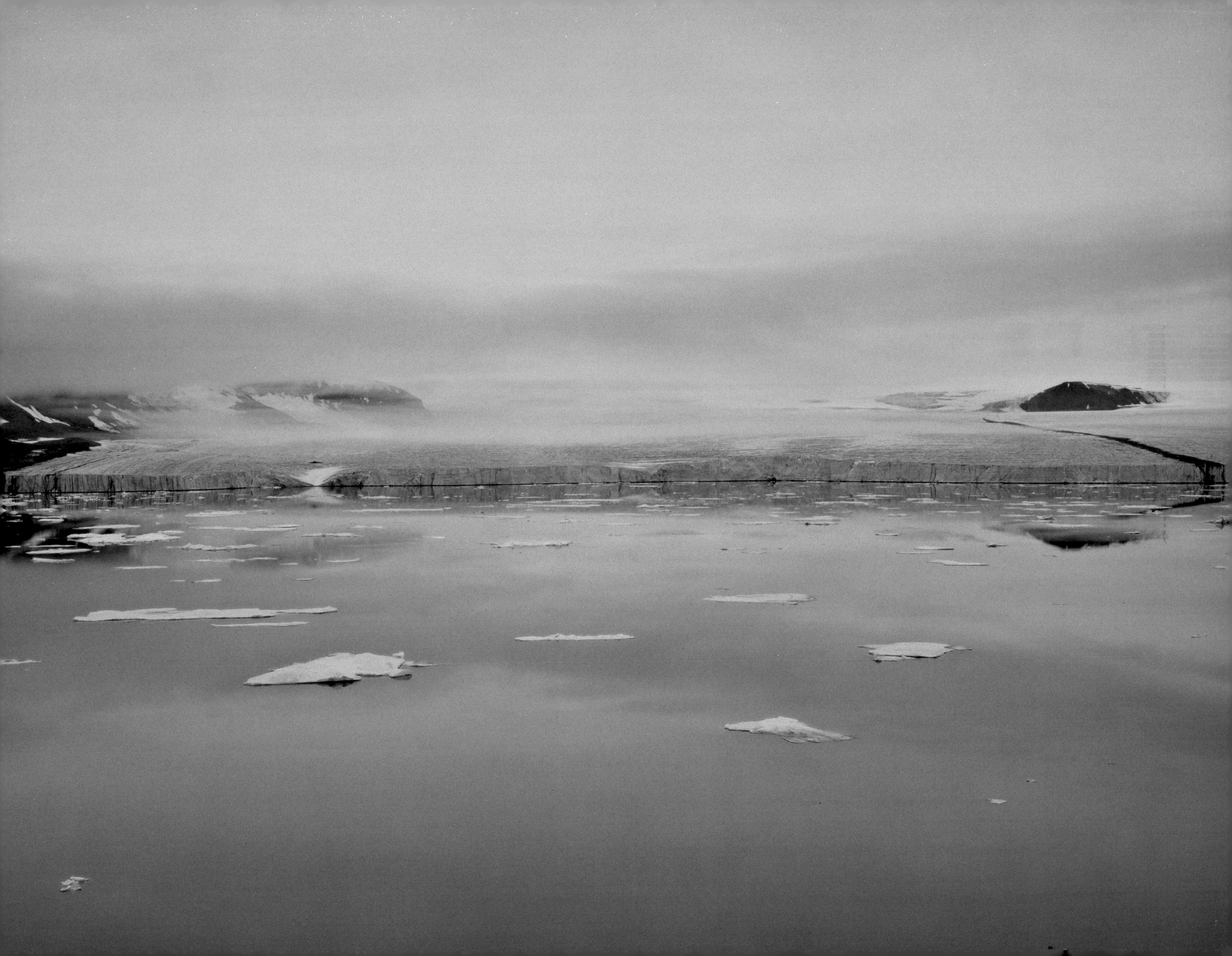

TRESPASSING .... Seite 75
Gabi Schaffner

NATHALIE GRENZHAEUSERS LANDSCHAFTSMALEREI MIT ANDEREN MITTELN .... Seite 85
Ludwig Seyfarth

DOPPELBÖDIGES TERRAIN . Zur Konstruktion von Landschaft .... Seite 97
Ein Gespräch zwischen Ursula Schöndeling und Nathalie Grenzhaeuser

TRESPASSING .... page 79
Gabi Schaffner / Translation Jacqueline Todd

NATHALIE GRENZHAEUSER'S DIFFERENT APPROACH TO LANDSCAPE PAINTING .... page 91
Ludwig Seyfarth / Translation Gillian Morris

AMBIGUOUS TERRAIN . On the Construction of Landscape .... page 105
A conversation between Ursula Schöndeling and Nathalie Grenzhaeuser / Translation Gabi Schaffner

TRESPASSING . *Gabi Schaffner*

In ihrem Buch *Trespassing* führt Nathalie Grenzhaeuser den Betrachter an zwei Landschaftsräume heran, die einander diametral entgegenstehen: das arktische Spitzbergen am nördlichen Ende Europas und die „down-under" gelegenen wüstenhaften Landstriche Südwest-Australiens. Beide Male richtet sich ihr Augenmerk auf jene Veränderungen des Landschaftsraums, die den Eingriffen des Menschen zu verdanken sind, wobei sie sich auf die abgeschlossenen Areale des Minenbergbaus, wissenschaftlicher Forschungsstationen und der Naturreservate konzentriert. Ihre Recherche knüpft dabei an historische Hintergründe zur Besiedlung und Nutzbarmachung der jeweiligen Gegenden an.

Ein Großteil der Fotografien entstand an Orten, die dem normalen Touristen nicht zugänglich sind und deren Betreten, wenn überhaupt erlaubt, strengen Auflagen unterliegt. Der Titel *Trespassing* verweist in Umkehrung seiner sonst üblichen Formel „No Trespassing" („Betreten verboten") auf ein komplexes Feld an Bedeutungen, deren Potenzial sich verblüffenderweise gerade durch dieses Umkehren erschließt.

(No) Trespassing

Die Verknüpfung mit der Idee von (und dem Recht auf) Grundeigentum, auf der die weltweite Omnipräsenz dieses Verbotsschildes gründet, stempelt den Akt der Nichtbeachtung und des Überschreitens einer territorialen Grenze zum Straftatbestand. Zugleich haftet dem „unerlaubten Betreten" ein Amalgam aus Gefahr und Versprechen an, das eine Verlockung an sich bildet. So tritt mit dem Überschreiten der Verbotsgrenze eine Verwandlung des dahinterliegenden Raumes ein. Der Ort gerinnt zu einem Pfad, entlang dessen sich der Eindringling klopfenden Herzens bewegt – sei es aufgrund der dem Terrain innewohnenden Risiken oder drohender rechtlicher Konsequenzen.

In Bezug auf den Umgang des Menschen mit dem ihn umgebenden Landschaftsraum rekurrieren die Bilder zum Teil auch auf (kolonial-)historische Ereignisse, die dem „Trespassing" europäischer Kultur hinein in unbekanntes, bewohntes wie unbewohntes Gebiet zu verdanken sind.

Architektur und Landschaft bilden ein stets wiederkehrendes Motiv in Grenzhaeusers fotografischen Exkursionen zur Geschichte und Gegenwart geografischer Räume. Die Dimensionen und das Verhältnis zwischen (maschinellen) Architekturen, umgebender Landschaft und Himmelsraum werden im Prozess ihrer Bildfindung bewusst modifiziert. Seitens der Dokumentarfotografie, die sich ähnlicher, topografisch verankerter Themen annimmt, könnte man auch hier die Frage nach einer unerlaubten Grenzüberschreitung stellen.

Doch sowenig die Geschichte der Fotografie ohne ihr Paralleluniversum der Retusche denkbar wäre, sosehr ist die Geschichte der Landschaft untrennbar mit ihrer Erfindung als ästhetisches und ökonomisches Konstrukt verbunden.

Grenzhaeusers *Trespassing* führt den Betrachter in einen multidimensionalen Raum von Bedeutungen und Deutungsmöglichkeiten. Visuell, virtuell, metaphorisch oder historisch gesehen: Für das Betreten und Durchqueren dieser fotografischen Ansichten gibt es keinen vorgezeichneten Pfad. Und welches Ziel steht in Aussicht bei diesen Eskapaden ins Unheimliche, wenn nicht einmal sicher scheint, dass auf die Verlockung eine Belohnung folgt?

Ungleiche Zwillinge

Lässt man die naturräumliche Verschiedenheit Australiens und Spitzbergens beiseite, birgt *Trespassing* die erstaunliche Entdeckung, dass diese zwei so antipodisch gelegenen Orte Eigenschaften teilen, die sie zu ungleichen Zwillingen machen.

Die geografische Unzugänglichkeit der Polarregionen und des australischen Binnenlandes, ihre extremen klimatischen Verhältnisse und die ihnen innewohnenden Risiken für den Menschen lassen diese Gegenden bis heute in einem Licht des Geheimnisvollen, wenn nicht Mystischen erscheinen. Die Gründe dafür liegen in ihrer Verknüpfung mit utopischen wie dystopischen Szenarien und, diesen zeitlich vorausgehend, in ihren medialen Qualitäten als Bildschirm: zunächst als weiße Flecken auf der Landkarte, später als scheinbar dysfunktionale, leere Landschaft.

Schon immer war die Leere, wie sie sich in wüsten und öden Gegenden dem Wanderer offenbart, Projektionsfläche für Erlebniswelten, in denen die Grenzen zwischen innen und außen, Subjekt und Umgebung einer allmählichen imaginären Auflösung unterliegen. Insofern ist es nicht überraschend, dass die (Ant-)Arktis wie auch das Innere Australiens häufig als Schauplatz des Science-Fiction- und Horrorgenres inszeniert werden, als deren bekanntestes Beispiel die post-nukleare *Mad Max*-Trilogie des Regisseurs George Miller gelten kann.[1] Zugleich mag es als interessante Parallele dieser so antipodisch gelegenen Orte durchgehen, dass sich, entgegen den Qualitäten einer lebensfeindlichen Umwelt, bei beiden Regionen die Vision eines paradiesischen Landes bis ins 20. Jahrhundert erhalten hat – sei es in Form von Mythen über das Reich der Hyperboräer „hinter den Nordwinden"[2] oder als enthusiastische Suche nach dem Binnenmeer im Inneren der australischen Wüste.[3]

Überstrahlung in Weiß

Der zur Arktis zählende Inselarchipel um Spitzbergen war zu Beginn der polaren Geschichtsschreibung unbesiedeltes Terrain. Weder traf man auf Ureinwohner, noch wiesen Spuren auf eine vorgeschichtliche Besiedlung hin – der Archipel galt als No-Man's-Land, bis er 1920 unter norwegische Verwaltung gestellt wurde.

Vormals ein lediglich für die Pelztierjagd und den Walfang genutztes Gebiet und Ausgangspunkt für zahlreiche Nordpolexpeditionen, führte die Entdeckung reicher Kohlevorkommen um 1900 zur Gründung der ersten Minen. Ab Mitte des Jahrhunderts kamen Standorte für Forschungsstationen und Raketenstartplätze *(SvalRak)* hinzu sowie die Einrichtung des Flughafens im Jahr 1975. Bis heute ist Spitzbergen nur dünn besiedelt, sämtliche vor 1945 errichteten Gebäude stehen unter Denkmalschutz, und der Zugang zu den ausgewiesenen Naturschutzgebieten ist streng reglementiert. Mit zunehmendem Rückgang des Bergbaus beschränkt sich die ökonomische Einmischung des Menschen auf die arktische Forschung und die Etablierung eines sanften Tourismus. Die geradezu höfliche Distanz des Menschen zum Landschaftsraum Spitzbergens findet bei Grenzhaeuser ihren Ausdruck in Bildern, die die Natur und ihre Erscheinungen als Hauptschauplatz inszenieren.

So zeigen die Fotografien dieser arktischen Region eine Welt, die trotz aller anthropogenen Eingriffe immer noch seltsam autark erscheint und deren Unbehaustheit einer Bedrohlichkeit Raum gibt, die den Menschen als Eindringling in seine Schranken verweist. Den in der Landschaft hingekauerten Blockhütten der Pioniere, den überstrahlten Containern des Umschlaghafens von Kapp Amsterdam und den futuristischen Architekturen der Forschungsstationen ist ihre Eigenschaft als quasi geschlossenes Behältnis gemeinsam, in dem etwas für die Zukunft oder aus der Vergangenheit aufbewahrt wird. Dieses Zeitkapselartige wird verstärkt durch ein Licht

1 MARY SHELLEYS *Frankenstein* beginnt mit einer Nordpolexpedition; H. P. LOVECRAFTS *Berge des Wahnsinns* erschließt dem Leser ein Universum subterranen Horrors in den Eiswüsten der Antarktis. Zuvor war bereits E. A. POE'S *Arthur Gordon Pym* auf der Suche nach einem arkadischen Landstrich in die gleichen Regionen vorgestoßen. 1982 situierte JOHN CARPENTER mit *The Thing* die Landung eines außerirdischen Raumschiffs in der Antarktis, mit fatalen Folgen selbstverständlich.

2 Wobei sich die Annahme eines „gemäßigt-warmen" Landstrichs jenseits der Packeisgrenze bis in die 1930er-Jahre hielt.

3 Siehe auch: PAUL CARTER: *PSITTACORUM REGIO. Papageien des Paradieses in der mythischen Topographie Australiens.* In: www.lettre.de/archiv/61_carter.html (Stand 17. Dez. 2010).

oder eine Atmosphäre, die alles Menschliche zu verdunkeln oder verloren zu geben scheint. Bei dem Versuch, dieses unheimliche oder bedrohliche Element auszumachen, streift der Blick des Betrachters durch Wolkenwirbel, über verschattete Horizonte. Es gibt keinen Zugang, keine Wege, keinen Halt und keine Farben, die das Bild vom Verdacht der Unwirklichkeit befreien würden.

Unheimliches Australien – Uncanny Australia

Robert Hughes bezeichnet in seiner Monografie *Die Besiedlung des fünften Kontinents* Australien als das „geografische Unbewusste“ [4] und verweist auf dessen Rolle als Antipode zur Ordnung der europäischen Welt.[5] Ähnlich dem Unbewussten Freuds wurde Australien in der Vorstellung des British Empire als eine Welt codiert, die ebenso unüberseh- wie unberechenbar und ungezähmt war.[6] Unbewusst und unbewohnbar, unvorstellbar weit entfernt: Zwei Jahrhunderte später hat sich die britische Kultur in Australien etabliert und dies auf eine Weise, die das „Unheimliche“ die Seiten wechseln ließ, wie es angesichts der Fotografien Nathalie Grenzhaeusers scheint. Dieses „Unheimliche“, mag man es nun als Spukwort der späteren Romantik begreifen oder als wortwörtliche Wendung, tritt in den Landschaftsräumen Australiens anders als auf Spitzbergen zutage.

Großbritanniens Geistesblitz, sich der störenden Elemente seiner Gesellschaft zu entledigen und den „Abschaum“ an das südliche Ende der bekannten Welt zu verschiffen, rückt im Zusammenhang mit dem Begriff „Trespassing“ eine geradezu absurde Koinzidenz ins Licht.

Mit der Gründung der Strafkolonie in New South Wales wurde Australien das Ankunftsziel jener, die gegen Gesetze des Eigentums verstoßen hatten. Man verfrachtete sie damit auf ein Terrain, das im gleichen Atemzuge jenen weggenommen wurde, die sich traditionell eben diesen Ideen von Grundbesitz, Eigentum und Eigenem verweigerten – den Aborigines. Die Dysfunktionalität des Kontinents in klimatischen wie kulturellen Parametern schuf aufseiten der Kolonisten eine Einstellung zum Landschaftsraum, die einer von Gewalt begleiteten Übersetzung von „Land“ zu „Landschaft“ hin den Weg bereitete.[7] Sowohl die Landnahme als auch die Erschließung der Ressourcen beruhten auf dem Versuch, ein dystopisches, „unbrauchbares“ Land in eine funktionalisierte und neu ästhetisierte Landschaft zu überführen.

Grenzhaeusers Trespassing in die Minengebiete des „Olympic Dam“ und „Newman“ hinein zeigt das australische Element des Unheimlichen v. a. den Architekturen, den Maschinen sowie deren Relikten und Spuren eingeschrieben. Tatsächlich ist in diesen Bildern nur wenig verändert worden, da die Dimensionen der Landschaft und der industriellen Architektur bereits jedes „Normalmaß“ übersteigen.

Die Ansichten der australischen Industrieminen bringen vorwiegend Apparaturen zum Vorschein: gigantische Kräne, Förderbänder, labyrinthisch verschlungene Rohre und Leitungen, Räder und Spuren. Die Landschaft ist gezeichnet von Gräben, Gräbern, Löchern und Kratern, die an heftige Explosionen denken lassen. Der Blick verliert sich entlang nicht enden wollender Stahlträger und scheut vor der schieren Größe der Maschinerien zurück. Die Natur zeigt sich entweder undurchdringlich und verschwommen oder bis auf die Knochen bloßgelegt. Wurde von den alten Geschichtsschreibern und Geografen noch angenommen, dass der Maelstrom am Nordpol entweder seine Entsprechung im Springbrunnen von Eden oder aber in einem alles ausspuckenden

4 ROBERT HUGHES: *The Fatal Shore: A History of the Transportation of Convicts to Australia, 1787–1868* (London: Collins Harvill, 1987), p. 43.

5 „Der Name dieses dunklen Kontinents zum Zeitpunkt seiner ‚Entdeckung‘ war *terra australis incognita*, der Name eines Landes-ohne-Namen. Dabei mag in dieser paradoxen Bezeichnung eine Vorahnung desselben Unnennbaren gelegen haben, das Freud entdeckte – zeitlich parallel zur Entstehung von ‚Australien‘ als eigenständigem nationalem Teilstaat.“ (Übersetzung Gabi Schaffner) Aus: LOUIS ARMAND, *Romantic Ecologies*. In: www.rhizomes.net/issue2/armand/armand1.html (Stand 17. Dez. 2010).

6 „Die Landschaft dieses erdachten Kontinents war möglicherweise die der Hölle. In seiner unerforschlichen Andersartigkeit ließ sich jede Phantasterei unterbringen; sie stellte das geografische Unbewusste dar.“ In: ROBERT HUGHES, *Australien. Die Besiedelung des fünften Kontinents*. Droemer Knaur, Ulm 1992, S. 70.

7 Vgl. LOUIS ARMAND: *Romantic Ecologies*, section 1. In: www.rhizomes.net/issue2/armand/armand1.html.

Wirbel auf der antipodischen Südhalbkugel finden müsse,[8] so lassen die Überreste der Schlange auf dem australischen Highway mit dem Baum im Hintergrund nur noch auf ein Paradies der Desillusion spekulieren.

Pfadfinder

Wenn aber jeglicher Blick auf eine sogenannte Landschaft deren Voraus-„Setzung" – einen vom Menschen gestaltbaren und begreifbaren Raum – beinhaltet, wie es seit den ersten Ausführungen Ruskins über den „pathetic fallacy"[9] heißt und bis heute von zeitgenössischen Landschaftsanalysten in Kunst- und Literaturwissenschaft debattiert wird[10] – wie ließe sich dem entkommen? Wie ließe sich ein Blick auf etwas hinführen, das die „radikale Illusion"[11] zeigt, ohne sie sichtbar zu machen?

Der verborgene Pfad führt trotz Grenzhaeusers gelegentlichem Verweilen bei den pittoresken „scapes" des Science-Fiction oder der romantischen Malerei haarscharf an diesen vorbei auf eine Ebene der Desillusion, die sich jeder Versöhnlichkeit der Natur oder dem Menschen gegenüber verweigert. Doch Grenzhaeusers Blick richtet sich weniger auf das Dokumentierbare, Reale, sondern auf das sich gegen seine Heimlichkeit und seine Vereinnahmung Sträubende. Es ist das Element des Fehlenden, des Ungreifbaren und des Befremdenden, das, irgendwo hinter dem Horizont implodiert, sich als „atmosphärischer Niederschlag" in den Bildwelten zeigt. Entsprechend der jeweiligen Geschichte des „Trespassing" europäischer Kultur in die abgelegenen Landstriche Norwegens und Australiens hinein, sprechen Grenzhaeusers Fotografien auf unterschiedliche Weise von den Interventionen des Menschen.

Der „Fallout" dieser Implosion hinter dem Horizont oszilliert als ungreifbares, fantastisch anmutendes Element in allen Bildern, dennoch scheint es mal mehr in der Natur, mal mehr im Werk des Menschen aufzublitzen.

Die Einbettung des Ungreifbaren und Unheimlichen als einer nicht zu ortenden Ingredienz des Landschaftsraums mag einen Ausweg aus dem „pathetischen Betrug" Ruskins[12] andeuten. Diesseits aller Betrachtungen kann Grenzhaeusers Arbeit *Trespassing* aber auch als eine Aufforderung an den Betrachter verstanden werden, die ästhetischen, vorgezeichneten Rezeptionswege des Kunstsystems zu verlassen, fremden Boden zu betreten und sich einen eigenen Pfad – klopfenden Herzens – in ihre Bildwelten zu erschließen.

8 Vgl. CHET VAN DUZER: *The Mythic Geography of the Northern Polar Regions: Inventio fortunata and Buddhist Cosmology*, in: www.culturaspopulares.org/textos2/articulos/duzer.pdf (Stand 17. Dez. 2010).

9 JOHN RUSKIN, *Of the Pathetic Fallacy*, in: *Modern Painters*, vol. iii, pt. 4, 1856. http://www.ourcivilisation.com/smartboard/shop/ruskinj/ (Stand 28. Februar 2011).

10 Vgl. M. SCHMELING, M. SCHMITZ-EMANS (Hg.): *Das Paradigma der Landschaft in Moderne und Postmoderne – (Post-)Modernist Terrains: Landscapes, Settings, Spaces*. Königshausen & Neumann, Würzburg 2007.

11 Vgl. JEAN BAUDRILLARD: die „radikale Illusion", in: *Das perfekte Verbrechen*. Matthes & Seitz Berlin, Berlin 1996.

12 Vgl. LUDWIG SEYFARTH, NINA KOIDL: *Pathetischer Betrug – Pathetic Fallacy*. Salon Verlag, Köln 2005, S. 7

TRESPASSING . *Gabi Schaffner*

In *Trespassing,* Nathalie Grenzhaeuser introduces the viewer to two diametrically opposed landscape areas: the Arctic island of Spitsbergen, situated at the northern tip of Europe, and the desert-like expanses 'down under' in South and Western Australia. In both cases, she focuses on changes in the landscape that have occurred as a result of human intervention, whereby she concentrates on the restricted areas of mining centres, scientific research stations and nature reserves. Grenzhaeuser's artistic research also explores the historical background to the occupation and utilisation of the respective regions.

The majority of the photographs in this book were taken in places that are not accessible to tourists or other 'normal' visitors, and where entering the sites—even with permission—is subject to strict controls. As a deliberate reversal of the more commonly used phrase: "No Trespassing", the title *Trespassing* evokes a complex array of meanings, the scope of which only becomes fully apparent as a result of this inversion.

(No) Trespassing

In connection with the notion of owning land (and the legal right to do so), upon which the global presence of this prohibition sign is founded, the act of deliberately ignoring and crossing a territorial boundary becomes a criminal offence. At the same time, the sense of danger and promise attached to the idea of gaining 'illegal entry' can be a temptation in itself. Crossing the line thus leads to a transformation of the space beyond. The site is reduced to a path along which the trespasser proceeds, heart pounding—either because of the dangers associated with the location or due to the threat of legal repercussions.

With respect to man's treatment of his landscape environment, Grenzhaeuser's photographs also allude to (colonial) historical events that occurred when European culture trespassed into unknown territories, both habited and uninhabited.

Architecture and landscape are recurring motifs in Grenzhaeuser's photographic excursions into the past and present of different geographical domains. Her image-making process involves modifying the dimensions of and relationship between (mechanical) architectural structures, the landscape surroundings and the sky above. On the part of documentary photography, which addresses similar topographically anchored themes, the issue of crossing borders without permission could also be raised. Yet just as the history of photography is inconceivable without its parallel universe of image retouching, so the history of landscape is inseparable from its invention as an aesthetic and economic construct.

Grenzhaeuser's *Trespassing* takes the viewer into a multi-dimensional space of meaning and possible interpretation. Irrespective of whether her photographic images are viewed from a visual, virtual, metaphorical or historical perspective: there is no predetermined path to be followed when entering and exploring them. And what is the objective of these escapades into the realm of the uncanny (das Unheimliche) if it does not even appear certain that they will lead to some form of reward?

Non-identical twins

Leaving aside the obvious climatic and geographical differences between Australia and Spitsbergen, *Trespassing* reveals the surprising fact that these antipodal locations have shared qualities that make them appear like non-identical twins.

To this day, the geographical remoteness of the polar regions and the Australian interior, in combination with their extreme climates and inherent risks, lend these regions a mysterious or even mystical quality. The reasons for this lie in their association with both utopian and dystopian scenarios and, preceding these, in their capacity to act as a medium or blank screen: first of all as white spots on the map, and later as seemingly dysfunctional, empty landscapes. An expanse of emptiness, like that we encounter when we wander through a deserted, desolate area, has always functioned as a screen onto which we project experiential worlds, where the imaginary line between inside and outside, the subject and his environment gradually become blurred. In this respect it is not surprising that both the (Ant)arctic and the Australian interior have often provided the setting for science fiction or horror films, the best-known example being perhaps the post-nuclear wasteland of the *Mad Max* film trilogy, directed by George Miller.[1] At the same time, an interesting parallel between these antipodean locations is that, despite possessing many qualities of a hostile environment, the vision of a paradisiacal land existing in both regions persisted into the twentieth century—whether in the form of myths surrounding the territories of the Hyperboreans "beyond the north wind"[2] or of enthusiastic attempts to locate an inland sea within the Australian desert.[3]

Illuminating whiteness

At the time when polar historiography began, the Arctic archipelago of Svalbard (of which Spitsbergen is the largest island) was an unpopulated territory. There was neither an indigenous population nor any trace of prehistoric settlement, and the archipelago was considered a no-man's land until it was placed under Norwegian administration in 1920.

Having previously been used mainly for fur-trapping and whaling, as well as being the starting point for numerous expeditions to the North Pole, the discovery of rich deposits of coal on Svalbard around 1900 led to the construction of the first mines. From the 1950s onwards, research stations and a rocket launch site *(SvalRak)* were built, and in 1975 Svalbard Airport was opened. Spitsbergen is still only sparsely populated; all buildings erected before 1945 are listed, and access to the designated nature reserves is strictly controlled. As coal mining activities have steadily declined, the economic involvement of man in the region has been reduced to Arctic research and the development of 'sustainable' tourism. In Grenzhaeuser's photographs, this politely detached attitude of people towards the Spitsbergen landscape is reflected by the fact that nature and natural phenomena are the principal location and main subject.

The photographs of this Arctic region thus present a world that still appears curiously independent despite all anthropogenic intervention, and whose homelessness engenders a sense of threat that puts man in his place as an intruder. One quality that is shared by the pioneers' log cabins nestled into the countryside, the dazzling shipping containers in the port of Kapp Amsterdam and the futuristic buildings of the research stations is that they are all quasi-sealed containers in which something is being preserved for the future or from the past. This time-capsule quality is intensified by particular lighting or atmospheric conditions that seem to black out or relinquish all traces of

1 MARY SHELLEY'S *Frankenstein* opens with an expedition to the North Pole; H. P. LOVECRAFT'S *At The Mountains of Madness* transports the reader into a universe of subterranean horror in the frozen wastes of Antarctica. Prior to this, Edgar Allan Poe's Arthur Gordon Pym ventured into this region in search of an Arcadian realm, and in John Carpenter's 1982 movie *The Thing*, an alien spacecraft lands in Antarctica with predictably fatal consequences.

2 Whereby the assumption that a land with a 'warm temperate' climate existed beyond the sea ice limit persisted even into the 1930s.

3 See PAUL CARTER, *About Paradise Parrots And Other Legends of Place and Identity,* Haiku Review #3. http://www.haikureview.net/node/32, accessed 28 February 2011.

man. In the attempt to identify this uncanny or threatening element, the viewer's gaze drifts through cloud vortices and across shadowy horizons. There is no means of access, no path, nothing to hold on to and no colours to free the image from the suspicion of unreality.

Uncanny Australia

In his book *The Fatal Shore* Robert Hughes refers to Australia as the "geographical unconscious",[4] in relation to its role as an antipode to the order of the European world.[5] Similar to Freud's concept of the unconscious, Australia was codified in the imagination of the British Empire as a world that was to equal extents unfathomable, unpredictable and untamed.[6] Unconscious and uninhabitable, unimaginably far away: two centuries later, British culture has established itself in Australia and has done so in a way that has caused the 'uncanny' element to change sides, as it appears from Nathalie Grenzhaeuser's photographs. This 'uncanniness', regardless of whether one regards it as a buzzword of the later Romantic period or as a literal designation, manifests itself differently in the landscape of Australia than it does on Spitsbergen.

In connection with the concept of trespassing, Great Britain's plan to get rid of disruptive elements in its society by shipping these 'human dregs' off to the southern tip of the known world reveals an absurd and disturbing coincidence. With the establishment of the penal colony in New South Wales, Australia became the destination of those who had broken the law of property. They were, therefore, transported to a territory which in the same breath was being taken away from those who traditionally eschewed these very notions of land ownership, property and the sense of 'own'—the Australian Aborigines. The dysfunctionality of the continent in terms of climatic and cultural parameters fostered among the colonists a particular attitude towards the landscape surroundings that was to pave the way for a translation of 'land' into 'landscape', a process often accompanied by violence.[7] Both the seizure of land and the exploitation of resources represented an attempt to transform a dystopic, 'useless' land into a functionalised and newly aestheticised landscape.

Grenzhaeuser's trespass into the mining areas of "Olympic Dam" and "Newman" shows the Australian element of the uncanny inscribed above all within the architecture and machinery, as well as on their relics and residual traces. Little has been modified in these photographs, in fact, as the dimensions of the landscape and the industrial architecture already exceed 'normal standards'.

These images of Australian industrial mines mainly depict mechanical devices and equipment: gigantic cranes, conveyer belts, labyrinthine pipes and cables, wheels and tracks. The landscape is marked by ditches, hollows, holes and craters that call to mind the scene of a massive explosion. Our gaze drifts along never-ending steel joists and is overwhelmed by the sheer size of the machines. Nature appears either impenetrable and blurred or stripped to its bare bones. And while ancient historiographers and geographers assumed that the counterpart to the whirlpool at the North Pole would have to be either the fountain in the Garden of Eden or a discharging vortex in the antipodal southern hemisphere,[8] the remains of the snake on an Australian highway with a tree in the background suggest that the only thing we can speculate on is a paradise of disillusion.

4 ROBERT HUGHES, *The Fatal Shore: A History of the Transportation of Convicts to Australia, 1787–1868* (London: Collins Harvill, 1987), p. 43.

5 "The name of this dark continent at the time of 'discovery' was *Terra Australis Incognita:* the name of the land-without-a-name, and perhaps something in this paradox presaged the sense of the unnameable that belongs to the 'unconscious' which Freud discovered, at about the same time as 'Australia' was coming into being as a federated, self-governing nation state (...)." LOUIS ARMAND, *Romantic Ecologies. John Kinsella and the Art of Traumatic Realism,* section 3, *rhizomes,* issue 2, spring 2001. http://rhizomes.net/issue2/armand/armand3.html, accessed 28 February 2011.

6 "[T]his imagined country was perhaps infernal, its landscape that of Hell itself. Within its inscrutable otherness, every fantasy could be contained; it was the geographical unconscious." HUGHES, loc. cit.

7 Cf. ARMAND, loc. cit.

8 Cf. CHET VAN DUZER, *The Mythic Geography of the Northern Polar Regions: Inventio fortunata and Buddhist Cosmology, Culturas Populares. Revista Electrónica 2* (May-August 2006). http://www.culturaspopulares.org/textos2/articulos/duzer.pdf, accessed 28 February 2011.

Pathfinders

If, however, any view of a so-called 'landscape' includes its pre-condition as a realm that can be shaped and apprehended by man—as has been maintained since Ruskin's first observations upon the "pathetic fallacy"[9] and continues to be debated by contemporary landscape analysts in the field of art and literary studies[10]—how could one get around this? How could the gaze be guided towards something that reveals the "radical illusion"[11] without making it visible?

Despite Grenzhaeuser's occasional sojourns in the picturesque 'scapes' of science fiction or Romantic painting, the hidden path skirts around these and leads onto a level of 'disillusion' where any forgiveness on the part of nature or towards man is denied. The artist's focus is less on the documentable or 'the real', however, and more on that which resists its familiarity (Heimlichkeit) and appropriation. It is this 'missing' element, this intangible and alienating aspect which, having imploded somewhere beyond the horizon, appears as 'atmospheric precipitation' in the photographic imagery. Grenzhaeuser's photographs make varying reference to human encroachment, reflecting the different circumstances under which European culture trespassed into these remote areas of Norway and Australia. The fallout from this implosion beyond the horizon oscillates as an intangible, fantastical element in all of the images, whereby it sometimes seems more clearly visible in nature, and at others more apparent in man-made objects and structures.

The embedding of the intangible, the uncanny as an unlocalisable component of the landscape realm may suggest one way out of Ruskin's "pathetic fallacy".[12] Regardless of how one approaches it, however, Grenzhaeuser's *Trespassing* series can also be seen as an invitation to viewers to stray from the paths of aesthetic reception that have been predetermined by the art system, to enter alien territory and find their own way—heart pounding—into her visual worlds.

9 JOHN RUSKIN, *Of the Pathetic Fallacy*, in *Modern Painters*, vol. iii, pt. 4, 1856. http://www.ourcivilisation.com/smartboard/shop/ruskinj/, accessed 28 February 2011.

10 Cf. MANFRED SCHMELING and MONIKA SCHMITZ-EMANS (eds.), *Das Paradigma der Landschaft in Moderne und Postmoderne / (Post-)Modernist Terrains: Landscapes, Settings, Spaces* (Würzburg: Königshausen & Neumann), 2007.

11 Cf. *The Radical Illusion* in JEAN BAUDRILLARD, *The Perfect Crime*, trans. Chris Turner (London and New York: Verso Books), 1996, pp. 16–19.

12 Cf. LUDWIG SEYFARTH, NINA KOIDL, *Pathetischer Betrug – Pathetic Fallacy* (Cologne: Salon Verlag), 2005, p. 7/ English p. 51.

NATHALIE GRENZHAEUSERS LANDSCHAFTSMALEREI MIT ANDEREN MITTELN . *Ludwig Seyfarth*

Die alten Meister der Landschaftsmalerei gingen in die Natur oder machten sich zu längeren Reisen auf, wo sie vor Ort Skizzen anfertigten, die später, im Atelier, als Grundlage für sorgfältig auskomponierte Gemälde dienten. Nathalie Grenzhaeuser geht, mit heutigen Möglichkeiten, vergleichbar vor. Ihre „Skizzen" sind die Fotos, die auf Reisen in meist entlegene Gegenden entstehen. Mittels digitaler Bearbeitung werden daraus Kompositionen, die über den konkreten Ort und Zeitpunkt hinausweisen und dem Ausgangsmotiv eine Allgemeingültigkeit verleihen. Dies geschieht durch gezielte Retuschen, Spiegelungen, Veränderungen in der Anordnung von Objekten oder Manipulationen der räumlichen Perspektive.

Auch die digitalen Manipulationen haben ihre historischen Vorläufer, zum Beispiel das „Claude-Glass". Britische Reisende, die im Laufe des 18. Jahrhunderts mehr und mehr die Schönheiten ihres Landes entdeckten, liebten es, die Natur durch einen gekrümmten, geschwärzten Spiegel zu betrachten, der auch aus dem schottischen Hochland eine italienische Ideallandschaft im Stile Lorrains machte.

Landschaftsmalerei ist nicht die Darstellung vorhandener Landschaften, sondern sie liefert die Vorgaben, nach denen Landschaft überhaupt als solche wahrgenommen wird. So geht es auch aus einer Anekdote über die Entstehung dieser Bildgattung hervor, die der Maler Edward Norgate um 1650 niederschrieb:

„Ein Antwerpener Bürger, der ein großer ‚Liefhebber' der Kunst war, besuchte nach seiner Rückkehr von einer langen Reise durch die Gegend von Lüttich und die Wälder der Ardennen einen alten Freund, einen sehr geschickten Antwerpener Maler, in dessen Haus er oft verkehrte. Er traf den Maler an seiner Staffelei an, wo er eifrig weiterarbeitete, während sein eben eingetroffener Freund, im Atelier auf und ab gehend, ihm von den Abenteuern seiner langen Reise erzählte – von den Städten, die er besucht, und von den schönen Aussichten, die er in einer seltsamen Gegend gesehen, die voll war von Felsengebirgen, alten Burgen, merkwürdigen Bauten usw. Die Erzählung, die immer länger wurde, entzückte den tüchtigen und flinken Maler so sehr, dass er, ohne dass sein herumwandernder Freund es bemerkte, seine Arbeit stehenließ und auf einer neuen Tafel das zu malen begann, was der andere erzählte, wobei seine Schilderung eine verständlichere und dauerhaftere Form annahm als das gesprochene Wort des Freundes. Kurz gesagt: Als dieser mit seiner langen Erzählung zu Ende war, hatte der Maler das Werk zu einem solchen Grad an Vollkommenheit gebracht, dass der Freund, der zufällig hinschaute, sich vor Staunen gar nicht fassen konnte, als er diese Orte und Gegenden so lebendig vom Maler dargestellt sah, als ob er sie mit seinen (des Freundes) Augen gesehen hätte oder sein Reisegefährte gewesen wäre ..."[1]

Ernst H. Gombrich zitiert diese Anekdote in seinem Aufsatz „Die Kunsttheorie der Renaissance und die Entstehung der Landschaftsmalerei" (1950). Er legt nahe, dass der Erzähler „durch seine Vertrautheit mit den Werken seines lieben Freundes schon auf die Sehenswürdigkeiten, die es zu bewundern gab, eingestellt war. Seine Aufzählung der landschaftlichen Schönheiten war durch die Dinge, die er von den Bildern seines Freundes her kannte, vorprogrammiert."[2]

Wie frei von topographischen Realitäten diese Programmierung stattfinden konnte, machte die Ausstellung *Böhmen liegt am Meer* 1999 in der Hamburger Kunsthalle deutlich, die sich der „Erfindung der Landschaft um 1600" widmete: „Künstler wie Herri Bles, Pieter Bruegel d. Ä. oder Hendrick Goltzius nahmen ihre Studien nach der Natur nur zum Ausgangspunkt für neue, phantastische Landschaftsgebilde, die sich zumeist

1 ERNST H. GOMBRICH, *Die Kunst der Renaissance I. Norm und Form*, Stuttgart 1985, S. 151.
2 Ebd.

als Konstruktionen von einzelnen Wirklichkeitsfragmenten entpuppen", was, so der Kurator Thomas Ketelsen, „angesichts neuester digitaler Arbeitsweisen fast modern anmutet".[3]

Wenn digital bearbeitete, auf Fotografien basierende Landschaftsbilder nicht nur vom Verfahren her, sondern auch ästhetisch an die um 1600 entstandenen Gemälde erinnern, handelt es sich jedoch um Ausnahmefälle. Das offenkundige Collagieren von Versatzstücken findet eigentlich nur dann statt, wenn der fiktive, phantastische Charakter der Landschaft verdeutlicht werden, sie als Resultat der Imagination erscheinen soll. Damit eine Landschaft als „Abbild" der Natur angesehen und akzeptiert wird, muss sie die Ansprüche der fotografischen Wiedergabe erfüllen, oder dem entsprechen, was zu früheren Zeiten als „naturgetreu" empfunden wurde. Dies galt schon im 17. Jahrhundert in Holland, wie Bärbel Hedinger schreibt: „Den Zeitgenossen galt jenes Landschaftsgemälde als gelungen, das bloß den Eindruck erweckte, ganz und gar nach dem Leben entstanden zu sein, wobei dieser Effekt durchaus synthetisch herzustellen war." Was aussieht wie eine getreu abgebildete holländische Landschaft, ist letztlich eine Erfindung des Natürlichen. Der „vermeintliche Naturalismus oder gar Realismus der Darstellungen ist in vieler Hinsicht ein idealisierender, poetischer Realismus, der Erfahrungstatsachen mit Erfindungen überformt und künstlerisch beglaubigt."[4]

Die Poetisierung am weitesten trieb Jacob van Ruisdael, der nicht nur topographisch getreu erscheinende Ansichten Haarlems malte, sondern auch die Ruinenlandschaft seines berühmten *Judenfriedhofs*, die eine schauerromantische Gothic Novel des späten achtzehnten Jahrhunderts angemessen illustrieren könnte. Ruisdael inspirierte viele Landschaftsmaler der Romantik, so auch Caspar David Friedrich.

Romantische Topoi sind auch dort prägend, wo bisher unbekannte Gegenden ins Bild gesetzt werden. Carleton Watkins gilt als fotografischer Entdecker des amerikanischen Westen. „Im Jahr 1861 erkundete er das Yosemite Valley, das erst 1856 entdeckt worden war – und fing auf großformatigen Platten jenes romantische Gefühl der Erhabenheit ein, das eine grandiose, unberührte Natur im modernen Betrachter erweckt."[5] Das Yosemite Valley hatte man vorher noch nie gesehen – aber auch für das Neue bedarf es der Wahrnehmungsmuster, auf die man es bezieht. 1878 fotografierte Watkins die „Agassiz Column", einen länglich hochragenden riesigen Stein, der im Vordergrund des Bildes steht wie ein Friedrichscher Baum. Ein direkter Einfluss Caspar David Friedrichs ist unwahrscheinlich, da dieser nach seinem Tod 1840 auch in Deutschland jahrzehntelang fast vergessen war. Aber es waren gleichwohl Bilder, die Watkins „im Kopf" hatte, die die Bilder der Orte „rahmten", an die er reiste und für die es keine eingespielte Bildtradition gab. Dies galt auch für den niederländischen Maler Frans Post, der zwischen 1636 und 1644 an einer Expedition nach Brasilien teilnahm. Seine südamerikanischen Landschaften sehen wie holländische aus, in die sich Palmen und exotische Tiere verirrt haben.

Solche „Übertragungen" finden sich immer wieder, und Lucius Burckhardt schreibt dazu treffend: „Was entdecken Entdecker? Sicherlich entdecken sie fremdartige Pflanzen und Tiere, auch interessante geologische Formationen, Küsten, Gebirge, Wasserfälle. Aber was sie sicherlich nicht entdecken, sind neue Landschaften, denn die Landschaft folgt ja einem vorgegebenen Code, ist ja eine kulturell entwickelte Sichtweise auf von uns allen schon Gesehenes."[6]

3 THOMAS KETELSEN in: *Böhmen liegt am Meer. Die Erfindung der Landschaft um 1600*, Ausst. Kat. Hamburger Kunsthalle 1999, S. 8.

4 *Die kleine Eiszeit. Holländische Landschaftsmalerei im 17. Jahrhundert*, Ausst. Kat. Altonaer Museum Hamburg 2002, S. 11.

5 FRANÇOISE HEILBRUN, in: MICHEL FRIZOT (Hg.), *Neue Geschichte der Fotografie*, Köln 1998, S. 165.

6 LUCIUS BURCKHARDT, *Warum ist Landschaft schön? Die Spaziergangswissenschaft*, Berlin 2006, S. 121.

Entdeckt Nathalie Grenzhaeuser „neue" Landschaften, wenn sie sich auf den Weg zum winterlich kargen Spitzbergen oder in die weiten Wüsten Australiens macht? Oder folgt auch sie bestehenden Codes? Was sehen wir auf ihren Bildern? Eine ruinöse Holzkonstruktion und weitere herumliegende Latten und Bohlen in einer Winterlandschaft (*Treibgut*, siehe S. 7), ein einsam in einer Einöde stehendes fensterloses Gebäude, dessen Funktion unklar bleibt (*Winkelstation*, siehe S. 13), eine Förderanlage hinter aufgetürmten Schneemassen (*Schmelze*, siehe S. 15), eine Hafenbucht mit Industrieanlagen im Hintergrund (*Port Augusta Coal*, siehe S. 39), einen offenbar durch Kohleabbau entstandenen Krater inmitten eines Bergmassivs (*Leigh Creek Coal*, siehe S. 43) oder ein schwer überschaubares, in verschiedene Richtungen führendes Gewirr an Förderbändern, das unwillkürlich an eine Achterbahn erinnert (*Port Headland Iron Ore*, siehe S. 61). Auf diesem Bild wird besonders deutlich, wie ein Ausgangsmotiv durch Vervielfältigung und Addition verschiedener Blickachsen in einen kaleidoskopisch aufgesplitterten Raum verwandelt wird, der auf keine einheitliche Perspektive mehr zurückzuführen ist.

Dies scheint bei *Big Bell Loop* (siehe S. 69) auf den ersten Blick anders zu sein. Ungewöhnlich wirkt zunächst nur, wie zahlreich die Dämmmatten des Dachgeschosses auf dem Fußboden des halbzerstörten Gebäudes herumliegen. Aber der geschlossene Raum, in den wir hineinzublicken scheinen, ist nicht der vor Ort sichtbar gewesene. Bei genauerem Hinsehen entdeckt man einzelne Motive an einer anderen Stelle wieder und stellt schließlich fest, dass es sich um eine Diagonalspiegelung handelt, der Bildraum also gleichsam auf sich selbst geklappt ist.

Solche Verfahren der Verdoppelung und Vervielfältigung lassen sich mit Manipulationen der äußeren Natur vergleichen, wie sie beispielsweise Robert Smithson 1969 mit seinen *Mirror Displacements* vollzogen hatte. Statt wie durch das „Claude-Glass" die Natur im Spiegel zu betrachten, stellte er Spiegel in verschiedenen Anordnungen in die Natur hinein, so dass die gespiegelten Ausschnitte der Umgebung die reale Landschaft gleichzeitig ergänzten und verdoppelten, aber optisch mit ihr tendenziell verschmolzen. Nathalie Grenzhaeuser stellt die Spiegel gleichsam ins Bild selbst, so dass es für die Betrachter noch schwieriger ist, die unterschiedlichen Ebenen voneinander zu trennen.

Wenn man auf das Wahrnehmungsmuster „Land Art" eingestellt ist, kommen auch bei anderen Bildern Grenzhaueusers Gedanken an Werke Robert Smithsons auf, so bei *Andamooka Opal 1* (siehe S. 49) an die Kreisform der *Spiral Jetty*. Die Maschinerie in der Grube erinnert zudem an die Baufahrzeuge, die in Smithsons Film zur *Spiral Jetty* an der Aushebung und Aufschüttung der Spirale arbeiten.

Die internalisierten „Codes", die bei Grenzhaeusers Bildern wachgerufen werden, sind nicht vorrangig die Bildkompositionen von Claude Lorrain oder anderen Klassikern der Landschaftsmalerei. Darin unterscheidet sich ihr Vorgehen deutlich etwa von dem anderer Künstler ihrer Generation, etwa Beate Gütschow, die vor einigen Jahren ebenfalls mit sorgfältig digital bearbeiteten Fotografien an die Öffentlichkeit trat. Bei Gütschows landschaftlichen Motiven mit subtil arrangierten Baumgruppen, Fernblicken und kleinen Figuren fühlt man sich an Gemälde von Lorrain oder John Constable erinnert. Grundlage dieser Bilder sind Fotos, die Gütschow auf Streifzügen durch die norddeutsche Natur gemacht hat und die sie zu fiktiven Ideallandschaften zusammencollagierte. Ihre Bilder sind, auch anders als bei Grenzhaeuser, nicht mehr auf reale Orte zurückführbar.

Auch wenn keine direkten Anleihen aus der Kunstgeschichte vorliegen, heißt das nicht, dass die weiten, kargen, oft ohne kompositorische Binnenrahmung ins Bild gesetzten Szenerien Grenzhaeusers außerhalb ihrer Echokammer stünden. Zu nennen wären die holländischen Flachlandschaften von Philips de Koninck aus dem 17. Jahrhundert oder der radikal leergefegte Bildraum in Friedrichs *Mönch am Meer.* Das „romantische" Gefühl erhabener Größe und Weite, wie es bei Watkins' ersten Fotos des amerikanischen Westens aufkommt, hat sich im 20. Jahrhundert zunehmend über das Kino vermittelt: Das Road Movie als Bilderlieferant ist wohl noch prägender geworden als der kunstgeschichtliche Motivvorrat, der bei endlosen Fahrten auf den Highways gleichwohl im Hintergrund mitreist.

Dies gilt auch für den Fotografen Richard Misrach, der sich explizit auf die Tradition der amerikanischen Romantik beruft. In seiner in den 1990er Jahren entstandenen Serie *Desert Cantos* setzt Misrach in opulenten Farben Landschaften im Mittelwesten der USA in Szene, in denen Militärübungen und Atomversuche stattfanden, von denen die Öffentlichkeit in vielen Fällen bis heute nichts weiß. Die betörend schönen Szenerien sind verseucht, kommen als Lebensraum nicht mehr in Frage. Misrachs Überästhetisierung verdoppelt gleichsam den Rahmen, den eingebürgerte Wahrnehmungsgewohnheiten längst geschaffen haben und der vom klassischen Landschaftsgemälde zum Fotomotiv und zum Filmset führt. Und das Filmset kann tödlich sein. An Hollywood-Westernproduktionen teilzunehmen, die in verstrahlten Gegenden gedreht wurden, bedeutete ein stark erhöhtes Krebsrisiko.

Wie Misrach den dokumentarischen, die ökologischen Probleme betreffenden Aspekt mit dem bewussten Einsatz eingespielter Bildmuster verbindet, ist in vieler Hinsicht mit Grenzhaeusers Vorgehen vergleichbar. Misrachs Fotos bleiben jedoch mehr oder weniger dokumentarisch, weil die Mittel der ästhetischen Inszenierung auf die Beleuchtung der ausgewählten Motive beschränkt bleiben.

Seine Bilder sind keine Collagen, auch verzichtet Misrach auf stimmungsmäßige Dramatisierungen, wie sie Nathalie Grenzhaeuser beispielsweise durch einen mystisch leuchtenden Himmel erzeugt, der *Die Arche* (siehe S. 25) in einem anderen Licht erscheinen lässt, als Grenzhaeuser es vor Ort auf Spitzbergen vorfand. Derartige retuschierende Eingriffe wurden Ende des 19. Jahrhunderts sehr beliebt, als man Nuancierungen und Unschärfen der Stimmungsmalerei ins Medium der Fotografie zu übertragen suchte. Dadurch erfolgt eine „partielle Preisgabe des Illusionsraums, der sich dafür in einen Stimmungsraum verwandelt".[7]

Unter den Dokumentarfotografen war es Frank Hurley – auf den sich Nathalie Grenzhaeuser ausdrücklich beruft – der seine auf Expeditionen und während der beiden Weltkriege entstandenen Fotos häufig mit hineincollagierten und -retuschierten dramatischen Effekten versah. Man mag aber auch an einen gemalten Himmel denken, wie er bei frühen Studioproduktionen die Szenerie eines Western- oder Historienfilms stimmungsvoll krönte, aber seine Herkunft aus der Theaterkulisse nie leugnen konnte.

Nathalie Grenzhaeuser verlässt nie die empfindliche Balance, die sie zwischen dem dokumentarischen, dem abgebildeten Ort verpflichteten Bild und der Verselbstständigung der ästhetischen Inszenierung herstellt. Ihre Bilder zeigen einerseits einen realen Ort, andererseits machen sie auch die Bildtraditionen und Codes deutlich, die auch Motive, die noch nie oder bisher kaum fotografiert wurden, immer schon mitrahmen. Auch wenn ihre Fotos trotz aller Bearbeitungen weit „naturgetreuer" sein dürften als die Landschaftsbilder des Antwerpener Malers, welche die Wahrnehmung seines Freundes

7 WOLFGANG ULLRICH, *Unschärfe, Antimodernismus und Avantgarde,* in: PETER GEIMER (Hrsg.), *Ordnungen der Sichtbarkeit. Fotografie in Wissenschaft, Kunst und Technologie,* Frankfurt/M. 2002, S. 392.

immer schon vorprogrammiert hatten: Daran, dass wir immer schon Bilder im Kopf haben, wenn wir Landschaften sehen, hat sich nichts geändert. Und unter den Künstlern, die uns immer wieder darauf aufmerksam machen, gehört Nathalie Grenzhaeuser zu den subtilsten.

NATHALIE GRENZHAEUSER'S DIFFERENT APPROACH TO LANDSCAPE PAINTING . *Ludwig Seyfarth*

The Old Masters of landscape painting went out into the countryside or undertook long journeys where they made in situ sketches that in the studio were later the basis for meticulously composed paintings. Nathalie Grenzhaeuser takes a similar approach, using the resources available today. Her 'sketches' are photos taken for the most part in remote places. Using digital editing, she creates compositions that point beyond the specific place and time and give the original motif a universal validity. This occurs by means of selected retouching, mirroring, changes made to the alignment of objects, or manipulations of the spatial perspective.

The digital manipulations also have their historical predecessors, for example the "Claude-Glass". British travellers who in the course of the 18th century discovered more and more of the beauty of their country loved to look at nature through a convex, dark-tinted mirror that transformed the Scottish highlands into an idyllic, Lorrain-style Italian landscape.

Landscape painting is not the portrayal of existing landscapes but rather provides a framework by which landscape can actually perceived as such. This is conveyed by an anecdote about the origin of this genre, which the painter Edward Norgate wrote around 1650:

"After returning from a long journey through the region of Lüttich and the Ardennes Forest, a citizen of Antwerp who was a great 'Liefhebber' (lover) of art made one of his frequent visits to the home of an old friend, a very skilled painter, also from Antwerp. The painter was at his easel and went on diligently working while the friend who had just arrived paced up and down the studio, telling of his adventures on his long journey—about the cities he had visited and the beautiful views he had seen in a strange place that was full of rocky mountains, strange buildings etc. The competent and deft painter was so captivated by the narrative, which became longer and longer, that without his friend who was still wandering around the room noticing, he stopped his work, took up a new canvas and began to paint what the other was narrating, whereupon his portrayal took on a more coherent and lasting form than the spoken word of his friend. In short: By the time his friend had finished his long tale the painter had completed his work to such a degree of perfection that his friend, who happened to glance at it, was beside himself with amazement on seeing these places and regions portrayed so vividly by the painter, as if he had seen them through his (his friend's) eyes or as if he had been his travelling companion..."[1]

Ernst H. Gombrich cited this anecdote in his essay "The Renaissance Theory of Art and the Rise of Landscape" (1950). He suggests that it is the narrator's "acquaintance with the painter's work—we are free to interpolate—which attuned his mind to the sights of the trip. His enumeration of 'beauty spots' was already conditioned by the images he had seen before in the paintings of his friend."[2]

How independent of topographical reality this programming could be was shown by the exhibition *Böhmen liegt am Meer (Bohemia is at the seaside)* in the Hamburger Kunsthalle, which was dedicated to the "invention of landscape around 1600": "Artists such as Herri Bles, Pieter Bruegel or Hendrick Goltzius used their studies of nature merely as a starting point for new, fantastic landscape ensembles that for the main part turn out to be constructions of individual fragments of reality", which, according to the curator Thomas Ketelsen, "appear almost modern in view of the most recent digital working methods".[3]

However, when digitally edited landscapes, based on photographs, are reminiscent of paintings dating back to 1600, not only because of the technique but also the

1 ERNST H. GOMBRICH, *Die Kunst der Renaissance I. Norm und Form*, Stuttgart 1985, p. 151.
2 Ibid.
3 THOMAS KETELSEN in: *Böhmen liegt am Meer. Die Erfindung der Landschaft um 1600*, Exhib. cat. Hamburger Kunsthalle 1999, p. 8.

aesthetic, it is in fact an exception. The overt collaging of different scenarios in fact only occurs when the fictive, fantastic nature of the landscape is highlighted and it is intended to appear as a product of the imagination. In order that a landscape be perceived and accepted as being a 'copy' of nature, it must fulfil the demands of photographic representation or what was in the past considered 'true-to-life'. This principle applied as far back as the 17th century in Holland, as Bärbel Hedinger writes: "For the contemporaries of that period every landscape painting was considered successful if it merely conveyed the impression that it was entirely based on life itself, although this effect could by all means be created artificially." What looks like an exact depiction of a Dutch landscape is ultimately a fabrication of the 'natural'. The "supposed Naturalism or even Realism of the portrayals is in many respects an idealizing, poetic realism that alters the reality of experience, replacing it with fictions and lending it artistic accreditation." [4]

It was Jacob van Ruisdael who took poeticizing the furthest. He not only painted views of Haarlem that appeared topographically accurate but also the ruins of his famous *Jewish Cemetery,* which would be suitable for illustrating a spine-chillingly romantic, late eighteenth century Gothic novel. Ruisdael inspired many Romantic landscape painters including Caspar David Friedrich.

Romantic topoi also play a formative role when previously unknown regions are incorporated into the picture. Carleton Watkins is considered to be the photographic explorer of the American West. "In 1861 he explored the Yosemite Valley, which was not discovered until 1856 — and using large plates he captured the romantic sense of the sublime that magnificent, untouched nature evokes in the modern viewer." [5] No-one had seen the Yosemite Valley before — but in order to perceive something a model of perception is required. In 1878 Watkins photographed the "Agassiz Column", an oblong, huge projection of stone that is located in the foreground of the picture like one of Friedrich's trees. It is improbable that Caspar David Friedrich had a direct influence here because for decades he was almost forgotten in Germany following his death in 1840. Nevertheless, Watkins also had pictures "in mind" that "framed" the pictures of the places he travelled to and for which there was no well-established pictorial tradition. This also applied to the Dutch painter Frans Post, who participated in an expedition to Brazil between 1636 and 1644. His South American landscapes look like Dutch landscapes in which palm trees and exotic animals have gone astray.

Such 'transferences' can be found time and again, and Lucius Burckhardt aptly writes: "What do discoverers discover? They doubtlessly discover strange plants and animals, as well as interesting geological formations, coasts, mountains, waterfalls. However, what they doubtlessly do not discover are new landscapes because a landscape follows a predetermined code, it is a culturally developed perspective of something we have all already seen." [6]

Does Nathalie Grenzhaeuser discover 'new' landscapes when she sets off for the wintry, barren Spitsbergen region or the vast coast of Australia? Or does she also follow existing codes? What do we see in her pictures? A ruinous wooden construction and other planks and boards in a wintry landscape *(Treibgut / Flotsam,* see p. 7), a windowless building standing alone in desolate surroundings, the function of which remains ambiguous *(Winkelstation / Corner Station,* see p. 13), a conveyor plant behind high piles of snow *(Schmelze / Melt,* see p. 15), a harbour bay with industrial facilities in the background

4 *Die kleine Eiszeit. Holländische Landschaftsmalerei im 17. Jahrhundert,* exhib. cat. Altonaer Museum Hamburg 2002, p. 11.

5 FRANÇOISE HEILBRUN, in MICHEL FRIZOT (Ed.), *Neue Geschichte der Fotografie,* Köln 1998, p. 165.

6 LUCIUS BURCKHARDT, *Warum ist Landschaft schön? Die Spaziergangswissenschaft,* Berlin 2006, p. 121.

(Port Augusta Coal, see p. 39), a crater that is obviously the result of coal mining in the midst of a mountain range *(Leigh Creek Coal,* see p. 43) or a scarcely discernable entanglement of conveyor belts leading in all directions that involuntarily reminds one of a rollercoaster *(Port Headland Iron Ore,* see p. 61). This picture shows particularly clearly how the original motif is transformed by duplication and the addition of different lines of vision into a kaleidoscopic, fragmented space that cannot be restored to any kind of uniform perspective.

At first glance this appears to be different in the case of *Big Bell Loop* (see p. 69). Initially, the only unusual thing appears to be the large number of attic-storey insulating mats lying around on the floor of the partially destroyed building. However the closed space we seem to look into is not the one that was visible in reality. A closer look reveals individual motifs that reappear in another part of the picture followed by the realization that it is a diagonal reflection, in other words the pictorial plane is quasi folded in upon itself.

Such methods of doublings and duplications can be compared to manipulations of the natural outdoor environment, of the kind made by Robert Smithson in 1969 with his *Mirror Displacements*. Instead of looking at nature in a mirror, for example through the "Claude-Glass", he positioned mirrors in different alignments in the countryside so that the reflected sections of the environment supplemented and duplicated the natural surroundings but at he same time tended to merge with them. Nathalie Grenzhaeuser sets the mirrors inside the picture itself, so to speak, making it even more difficult for the viewer to differentiate between the various planes.

If one is attuned to the perceptual pattern of "Land Art", associations with other works by Robert Smithson arise when viewing Grenzhaueuser's works. *Andamooka Opal 1* (see p. 49) for example is reminiscent of the circular shape of *Spiral Jetty*. The machinery in the pit is also reminiscent of the construction vehicles digging and filling earth in order to create the spiral in Smithson's Film about *Spiral Jetty*.

The internalized 'codes' that Grenzhaeuser's pictures evoke are not predominantly the pictorial compositions by Claude Lorrain or other landscape painting classics. In this sense, her approach is clearly different from that of other artists in her generation such as Beate Gütschow, who some years ago also presented photographs to the public that had undergone careful digital editing. Gütschow's landscape motifs with their subtly-contrived groups of trees, views into the distance and small figures are evocative of paintings by Lorrain or John Constable. The works are based on photos taken during forays into the North German countryside and collaged together to create fictive landscapes. Another difference to Grenzhaeuser's works is that Gütschow's cannot be ascribed to real locations.

Even if there are no direct art-historical references in Grenzhaeuser's work, this does not mean that her vast, barren scenarios, which often have no interior compositional framework, do not respond to this echo. The flat, Dutch landscapes produced by Philips de Koninck in the seventeenth century could be mentioned here, as well as the radical emptiness of the pictorial space in Friedrich's *Mönch am Meer (Monk by the Sea)*. The 'romantic' feeling of sublime size and vastness, which is evoked by Watkins' first photographs of the American West has increasingly been communicated by cinema in the twentieth century: The road movie as a source of images has become more formative than the art-historical supply of motifs, which also travels along in the background on the endless journeys along the highways.

This also applies to the photographer Richard Misrach, who in his work explicitly makes reference to the tradition of American Romanticism. In his *Desert Cantos* series, produced in the 1990s, Misrach uses opulent colours to draw attention to landscapes in the Midwest of the US, in which military exercises and nuclear tests are carried out, of which the public still frequently knows nothing. The captivatingly beautiful scenarios are contaminated and no longer come into question as living space. Misrach's over-aestheticizing quasi duplicates the framework that the established, customary forms of perception have long since created, which range from the classic landscape painting to the photographic motif and the film set. And this film set can be deadly. Taking part in Western productions that were filmed in regions polluted with radioactivity meant a much higher risk of cancer.

The way Misrach combines the documentary aspect pertaining to the ecological problems with the deliberate introduction of visual patterns is in many ways comparable to Grenzhaeuser's approach. However, Misrach's photos remain more or less 'documentary' because the means of aesthetic orchestration remain limited to 'highlighting' selected motifs.

His pictures are not collages and Misrach also forgoes the use of atmospheric dramatisations, such as those created by Nathalie Grenzhaeuser for example with a mystically glowing sky, which gives *Die Arche (The Ark*, see p. 25) a very different appearance to the one Grenzhaeuser encountered in Spitsbergen itself. This kind of intervention in the form of retouching was very popular at the end of the nineteenth century when artists attempted to transfer the nuances and fuzziness of atmospheric painting into the medium of photography. This produces a "partial revelation of the illusory space, which for this purpose is transformed into an ambient space".[7]

Among the documentary photographers, it was Frank Hurley—who Nathalie Grenzhaeuser specifically cites as a reference—who often added dramatic collaged and retouched effects to his photos taken on expeditions during the two world wars. One may however also think of a painted sky, of the kind that crowned the scenario of a western or a historical film in early studio productions, creating ambience but never being able to deny its origins as stage scenery.

Nathalie Grenzhaeuser never abandons the fragile balance she creates between the documentary, the image indebted to the place it portrays and the autonomous nature of the aesthetic orchestration. Her pictures on the one hand show a real location while on the other hand they also reveal the pictorial traditions and codes that always framed motifs which had never or rarely been photographed before. Even if her photographs can be considered far more 'true-to-life' than the landscape paintings by the Antwerp painter who had always pre-programmed his friend's perception: The fact that we always already have pictures in our minds when we see landscapes has by no means changed. And Nathalie Grenzhaeuser takes one of the subtlest approaches among the artists who constantly draw our attention to this fact.

7 WOLFGANG ULLRICH, *Unschärfe, Antimodernismus und Avantgarde*, in PETER GEIMER (Ed.), *Ordnungen der Sichtbarkeit. Fotografie in Wissenschaft, Kunst und Technologie*, Frankfurt/M. 2002, p. 392.

DOPPELBÖDIGES TERRAIN . ZUR KONSTRUKTION VON LANDSCHAFT

Ein Gespräch zwischen Ursula Schöndeling und Nathalie Grenzhaeuser

URSULA SCHÖNDELING: **In vorliegender Publikation wie auch den entsprechenden Ausstellungen hast du Bildserien aus Spitzbergen und dem australischen Outback versammelt. Frühere Serien sind berühmten Stadtlandschaften wie Coney Island in New York und La Défense in Paris gewidmet oder beschreiben geschichtsträchtige Orte wie Omaha Beach in der Normandie. Allen ist gemeinsam, dass sie Schauplätze für populäre Kinofilme darstellen. Was interessiert dich an diesen Orten? Gibt es in der Rückschau etwas, das du als Grund für die Wahl gerade dieser Landschaften nennen kannst?**

NATHALIE GRENZHAEUSER: Meine besondere Affinität zu diesen Orten und Gegenden ergibt sich aus deren spektakulärer Geschichte und besonderer Topografie. Ich interessiere mich gerade für diese Landschaften, weil sie mit modernen Mythen behaftet sind. Sie lösen Vorstellungen in uns aus, in die auch gesellschaftliche Klischees einfließen wie beispielsweise jenes von der „glorreichen Heldentat" oder das von der „unberührten Natur".

Vor Ort interessiert mich dann das Aufeinandertreffen von Erwartung und Realität. Es fasziniert mich, wie sich die Eindrücke und Bilder, die wir mitbringen, in situ verändern und wo sich vielleicht doch eine Form der Verschränkung von Realität und Imagination festmachen lässt.

Ein weiteres Kriterium für die Wahl der Orte ist ihr Zustand, der von einer Form des Übergangs geprägt ist. In Bezug auf den arktischen und australischen Landschaftsraum ist dieser Wandel zum einen zurückzuführen auf die klimatischen Veränderungen, zum anderen auf das Resultat direkter menschlicher Eingriffe wie des Bergbaus, die eine Veränderung von der Naturlandschaft hin zu einem rein wirtschaftsrelevanten Ressourcenlieferanten bedingen.

Mein Interesse für diese Gegenden verbindet sich mit dem Wunsch, aus der Menge an Gedankenschablonen, die mit ihnen verknüpft sind, eine Art Bildikone zu schaffen, die so etwas wie Beständigkeit besitzt. Oft wähle ich beim Fotografieren deshalb auch eine Darstellungsweise, die uns den Ort exemplarisch vor Augen führt und ihn wie eine (Film-)Kulisse erscheinen lässt.

US: Du sprichst von der Verschränkung von Realität und Erwartung. Gerade mit dem Begriff „Landschaft" verbinden sich vielschichtige Vorstellungen, die ökonomisch wie kulturell geprägt sind und historisch einem Wandel unterliegen.[1] In den letzten Jahrzehnten verhandelten Kulturwissenschaftler, Geo- und Ethnographen, Architekten den Begriff im Hinblick auf die vom Menschen geprägten Kulturlandschaften und ihre unterschiedlichen Zugänge.[2] Um die Konstruktion dessen, was Landschaft und darüber hinaus ein fotografisches Bild ist, kenntlich zu machen – um das Bild gewissermaßen zu ‚entnaturalisieren' –, bedienen sich einige KünstlerInnen neben anderen Stilmitteln vorgefundenen Bildmaterials. Und um diesem Gedankengang noch ein wenig weiter zu folgen: Seit langem ist die indexikalische Qualität der Fotografie (der Verweis auf einen real existierenden Ort) ein viel diskutiertes Thema – mit dem Aufkommen des digitalen Bildes wurde sie von einigen Praktikern wie Theoretikern schließlich als gänzlich obsolet verabschiedet. Für dich sind jedoch weiterhin die körperliche Erfahrung der Reise, das Vor-Ort-Sein und nach wie vor die analoge Aufnahme zentrale Bestandteile deiner Praxis. Warum sind die Erfahrungen des Ortes und die Verwendung eigener Aufnahmen im Zeitalter des Web 2.0 und umfassender Bildarchive für dich weiterhin so wichtig?

1 JOACHIM RITTER: *Landschaft. Zur Funktion des Ästhetischen in der modernen Gesellschaft*, in: ders.: *Subjektivität. Sechs Aufsätze*. Frankfurt/M. 1974; *Landschaft*, in: *Historisches Wörterbuch der Philosophie*, Basel 1980; *Landschaft*, in: *Lexikon Aesthetischer Grundbegriffe*, Bd. 3, Stuttgart 2003. *Landscape*, in: *Dictionary of Art*, London 1996.

2 Siehe u. a. *Landschaftstheorie*, hrsg. von BRIGITTE FRANZEN und STEFANIE KREBS, Köln 2005; *Mikrolandschaften*, hrsg. von BRIGITTE FRANZEN und STEFANIE KREBS, Münster 2006; *Pittoresk – neue Perspektiven auf das Landschaftsbild*, hrsg. von MARTA HERFORD U. A., Herford 2009

NG: Für mich ist es einfach wesentlich, alles selbst zu fotografieren, da es schon in diesem ersten Schritt zu elementaren Entscheidungen hinsichtlich des Bildaufbaus, des Bildausschnitts und der Wahl der Belichtung kommt, die später auch maßgeblich die Art der digitalen Bearbeitung bestimmen.

Zusätzlich brauche ich die physische Erfahrung vor Ort. Erst durch sie wird mir eine Relativierung und Konkretisierung der Vorstellungen, die ich bereits mitbringe, möglich. Hierbei kann es auch durchaus zu einer gewissen Ernüchterung kommen – der Ort hält sozusagen nicht das, was er im Vorfeld versprochen hat, da Mythos und Realität natürlich nicht deckungsgleich sind. Unsere Sicht auf die Dinge ist ja zumeist durch großartige Bilder, den besten Blick geprägt. In der Realität existiert dieses ultimative Bild jedoch nicht. Deshalb beginne ich meine Arbeit mit einer Spurensuche, in deren Verlauf ich die Dinge aufnehme, die in meinen Augen wesentlich sind und an denen ich die Besonderheit des Ortes festmache. Grenzerfahrungen sind ein wichtiger Teil dieses physischen Erlebens, denn oft sind gerade sie es, die erst bestimmte Blickweisen ermöglichen. Während meiner letzten Reise nach Spitzbergen im Spätsommer 2009 war ich beispielsweise das erste Mal tageweise ohne Begleitung alleine im Gelände unterwegs. Gefühle von Selbstbestimmtheit wechselten ab mit der extremen Zurückgeworfenheit auf die einzige, die eigene Existenz. Die omnipräsente Gefahr von Orientierungsverlust, Wetterumbrüchen oder Eisbärenkontakten erforderte beständige Konzentration. Langeweile und Schmerz schlichen sich bei den Wanderungen ein – über Stunden veränderte sich scheinbar nichts am Landschaftsbild, während das Gepäck gefühlt immer schwerer wurde. Diese Erlebnisse bedingen eine sehr körperhafte Form der Meditation, die ihrerseits eine Mischung aus Spannung unterschiedlichster Art, Wachheit und Ausdauer erzeugt. Das verändert natürlich auch den Blick auf den Landschaftsraum und nimmt Einfluss auf den fotografischen Prozess und die Art der Darstellung.

US: Welche Gründe sprechen in dem Zusammenhang für die Verwendung der analogen Technik – im Gelände wäre das Fotografieren mit einer Digitalkamera doch sicherlich komfortabler?

NG: Obwohl ich mit digitalen Mitteln arbeite, ziehe ich die analoge Fototechnik der digitalen vor. Die Kamera, mit der ich arbeite – eine Mamiya im Format 6 x 7 –, ist relativ leicht und dabei trotzdem robust, was ideale Voraussetzungen für gepäckintensive Touren unter extremen Witterungsverhältnissen sind. Und ich bin unabhängig von einer Stromquelle. Abgesehen davon mag ich die Spannung und Konzentration, die durch die Limitierung des Filmmaterials entsteht. Jedes Bild zählt, sodass das Fotografieren zu einem magischen Moment wird, in dem alles stimmen muss.

US: Die Verschränkung deiner Wahrnehmung der jeweiligen Orte mit Vorstellungen, die sich mit diesen Landschaften verbinden, ist für deine gesamte Arbeitsweise zentral. Die Fotografien entstehen in einem langwierigen Prozess: Zuerst bereist du die Landschaftsräume und machst analoge Aufnahmen vor Ort, dann folgt mit etwas zeitlichem Abstand die Auswahl der Fotos und schließlich die digitale Nachbearbeitung als Konstruktion verschiedener Elemente zu einem neuen Bild. Du hast auch vom Mythos des Ortes und den mit ihm verbundenen Klischees gesprochen. Kannst du beispielhaft etwas über deine Erwartungen und die Bildwelten sagen, die für dich bestimmend waren? Wie haben sich diese Erwartungen vor Ort verändert?

NG: Zunächst war es der existenzielle Charakter dieser Gegenden, der sich aus den klimatischen Eigenheiten ergibt und der mich neugierig gemacht hat. Ich wollte einfach wissen, wie sich ein Leben an Orten mit diesen Qualitäten gestaltet, was die Menschen dort tun und was heute dort zu finden ist.

Als ich dann 2005 meine erste Reise nach Spitzbergen unternahm, kannte ich kaum aktuelles Bildmaterial von der Arktis. Meine Bildideen bezüglich dieses Landschaftsraums waren vor allem das Ergebnis der Auseinandersetzung mit historischen Expeditionsfotografien beispielsweise von Salomon Andrées 1897 gescheiterter Ballonfahrt zum Nordpol oder von Frank Hurley, der an der Shackleton-Expedition in die Antarktis teilnahm.[3] Diese Vorlagen haben meine Auffassung von diesem Landschaftsraum und somit auch die Bildsprache meiner ersten Arbeiten beeinflusst.

Erst im Zuge meiner zweiten Reise 2006, als ich die Orte kannte, die ich fotografieren wollte, gelang mir ein freieres Arbeiten, indem ich durch meine Kenntnisse nun auch auf ganz andere Weise die Auffassungen und Bilder von dieser Landschaft mit der Realität vor Ort verbinden konnte.

Im Verlauf dieser Entwicklung richtete sich der thematische Fokus auf den Bergbau, ausgelöst durch die stets wiederkehrende Konfrontation mit der Industrialisierungsgeschichte des Inselarchipels Spitzbergen. In diesem Zusammenhang interessierte mich vor allem die Bedrohung für den Menschen, die sowohl vom Naturraum als auch vom Menschen selbst als Akteur der industriellen Nutzung ausgeht. Diese Themen in Verbindung mit der besonderen Charakteristik der Orte und dem Aspekt des menschlichen Scheiterns, der mich schon bei meiner ersten Arktisreise beschäftigte, führten dann in Anlehnung an den Film *The Quiet Earth – Das letzte Experiment*[4] zu dem Science-Fiction-Bezug der Serie *Die Konstruktion der stillen Welt.*

US: Trotz des gemeinsamen thematischen Bezugs der Serien unterscheiden sich die Bilder von Australien und der Arktis in der Art der Bildauffassung. Insgesamt scheinen die Bilder von Australien weniger fantastisch, auf andere Weise spektakulär. Man könnte fast sagen, du näherst dich in der Australien-Serie einem eher journalistischen Blick an. Was hat dich bewogen, für diese Serie einer anderen Bildauffassung zu folgen?

NG: Nach meiner Spitzbergenreise im Jahr 2006, besonders nach den Fotografien, die ich in Sveagruva, der einzigen noch in Betrieb befindlichen norwegischen Bergbausiedlung, realisieren konnte, wollte ich die Thematik des Bergbaus in unwirtlichen Landschaftsräumen weiterverfolgen. Insofern war es eine glückliche Fügung, als ich 2007 ein Aufenthaltsstipendium in Australien erhielt, einem Land, in welchem dem Bergbau, der maßgeblich die Landschaft ganzer Regionen bestimmt, ökonomisch eine zentrale Rolle zukommt. So begann ich eine 5600 km lange Reiseroute durch den Süden und Westen des Landes zu planen, die unterschiedliche Abbaugebiete und Orte großindustrieller Förderung einschloss. Während der Reise stellte sich heraus, dass das Land entlang der Hauptstraßen zu großen Teilen von den Industriearealen bestimmt ist, dazwischen befinden sich auch atomare Sperrgebiete und einige wenige Naturreservate. In der Darstellung der Orte habe ich mich aber nicht auf die ökologischen Aspekte festgelegt. Es ging mir – wie in meiner bisherigen Arbeit – darum, die Veränderungen im Charakter und in der Bedeutung von Landschaft zu thematisieren.[5] An diesen Orten gibt es ja keine natürlich gewachsene Landschaft mehr, sondern es handelt sich um gänzlich vom Menschen überformte „neue“ Industrielandschaften, die durch ihre Atmosphäre ein permanentes Oszillieren zwischen Faszination und Erschrecken hervorrufen. In Kombination mit den zahlreichen Mythen, die das Outback aufgrund seiner Weite und Unkontrollierbarkeit als bedrohliche und gesetzlose Zone darstellen, ergab

3 Siehe: *Frozen Photography*, Feature by TYRONE MARTINSSON, Merge Magazine #14+15, und *South with Endurance, Shackleton's Antarctic Expedition 1914–1917, The photographs of Frank Hurley*, Bloomsbury Publishing PLC; Ted Smart, 2001.

4 *The Quiet Earth – Das letzte Experiment*, 1985, neuseeländischer Science-Fiction-Film von Geoff Murphy.

5 Die Wüstengebiete Australiens sind für die indigene Bevölkerung von existenzieller mythischer Bedeutung. Dem gegenüber steht seit der Entdeckung des Rohstoffreichtums und der damit einhergehenden Industrialisierung des Landes die großindustrielle Nutzung dieser Regionen, die eine traditionelle Lebensweise nicht mehr zulässt.

sich dann der Titel zu der Serie: *Trespassing,* zu Deutsch: *Unerlaubtes Betreten.* In ihr wollte ich all die vorgenannten Aspekte thematisieren.

Im Vorfeld musste ich zunächst zahlreiche Recherchen anstellen und offizielle Genehmigungen einholen, um die Areale, die mich interessierten, fotografieren zu dürfen. Aufgrund meiner intensiven Vorarbeiten konnte ich mir schon vor der Reise anhand des teilweise umfangreichen fotografischen Materials ein Bild von den Orten machen wie beispielsweise von den Uran- und Kupferminen „Olympic Dam", von der Opalgräberstadt Andamooka in Südaustralien oder von der im Westen gelegenen Eisenerzmine „Newman" und den Industriearealen des Ressourcen verschiffenden Hafens von Port Headland. Die Vorstellungen von dem, was mich dort erwarten würde, waren somit ziemlich konkret, insofern waren die Voraussetzungen gänzlich andere als noch bei meiner ersten Reise nach Spitzbergen. Was ich dann vor Ort gesehen habe – die gigantischen Löcher der Minen, die Berge von Industrieabfällen und Rohstoffen –, kam einer Kriegsberichterstattung vom Schauplatz „Erde" gleich: auch das ein Unterschied zu Spitzbergen. Dieser Umstand im Zusammenspiel mit den durch die intensive Sonneneinstrahlung hervorgerufenen harten Kontrasten, der schrillen Farbgebung von Himmel und Erde, die beide etwas sehr Konkretes hervorrufen, hat einen Reportagestil geradezu provoziert.

US: Die ersten Bilder aus Spitzbergen unterscheiden sich von jüngeren Arbeiten derselben Serie. Dazwischen lag deine Australienreise. Welche Erfahrungen waren maßgeblich um deine Arbeitsweise nachhaltig zu ändern?

NG: Ich denke, dass sich mein Blick auf die Landschaftsräume generell verändert hat. Schon beim Antritt meiner Australienreise hatte ich mir eine andere Herangehensweise beim Fotografieren vorgenommen. Ich wollte weg von der klassischen Landschaftsdarstellung mittels einer Weitwinkel- bzw. Panoramaansicht – die ersten Arbeiten aus der Serie *Die Konstruktion der stillen Welt* waren ja noch fast alle in dieser Weise konzipiert. Mich störte mittlerweile der Erhabenheitsaspekt, der über diese Form der Bildsprache forciert wird. Außerdem wollte ich dichter an die Motive ran, gewissermaßen die Distanz zu ihnen reduzieren und damit eine andere Bilddynamik erreichen. Sicherlich war das eine Entwicklung, die sich automatisch mit der Wahl der Sujets einstellte und mit dem, was ich in Australien vorfand. Dort fing ich an, mit optischen Täuschungen hinsichtlich der räumlichen Wirkung zu arbeiten, indem ich einen Standpunkt beim Fotografieren wählte, der die Flächigkeit des Motivs betont (siehe *Port Headland Salt,* S. 57). Darüber hinaus arbeitete ich zum ersten Mal mit Close-ups (siehe *Leigh Creek Mine,* S. 46) oder setzte stürzende Linien ein (siehe *Port Headland Iron Ore,* S. 61). Diese neuen Blickweisen haben dementsprechend auch zu einer neuen Bildsprache geführt, die ich in Spitzbergen fortführen wollte. Die Ähnlichkeit im Sujet[6] kam diesem Vorhaben zugute. Dass die neueren Spitzbergen-Arbeiten auf andere Art und Weise fantastisch wirken als die älteren, ist allerdings auch der Tatsache zu verdanken, dass ich im Sommer, also ohne Schnee, fotografiert habe.

US: Die Arbeit an der Serie *Die Konstruktion der stillen Welt* umfasst nun einen Zeitraum von fast 5 Jahren und ist noch nicht abgeschlossen. Der Serie gehören sehr unterschiedliche Bilder an – wie verfährst du bei der Auswahl der Bilder, gerade in Bezug auf die Zusammenstellung einer Serie?

NG: Die Serien entstehen in einem offenen Prozess, in dem es keine zeitliche Limitierung gibt. Oft sind die unterschiedlichen Bilder das Ergebnis mehrerer Reisen in dieselbe Region. Im Rahmen meiner dritten Reise nach Spitzbergen plante ich beispielsweise,

6 Bis auf *Mimikry, Stille Welt* und *Die Arche* sind die nach 2007 entstandenen Bilder sämtlich in Pyramiden, einer seit 1998 stillgelegten russischen Bergbausiedlung auf Spitzbergen, entstanden.

über Pyramiden eine neue eigenständige Serie zu realisieren. Als ich die Bilder dann aber bearbeitete, merkte ich, dass auch sie eine Weiterführung der Serie *Die Konstruktion der stillen Welt* sind und dass sich die gesamte Serie in eine neue Richtung weiterentwickeln ließ.

Durch den langen Bearbeitungszeitraum der Bilder verändern sich ursprüngliche Bildkonzepte, sie werden weitergesponnen oder verschränken sich mit Konzepten vorangegangener Serien. So kommt es zu den stilistischen Unterschieden über die Zeit hinweg und seit Neuestem eben auch zu einem Überschreiten der Genregrenzen.

Grundsätzlich ist meine Arbeitsweise so, dass jedes Bild auch unabhängig vom Serienkontext für sich alleine stehen kann. Jedes Bild zeigt einen neuen Aspekt, der in keinem anderen thematisiert wurde. Innerhalb der Serie bauen die Bilder mit wenigen Ausnahmen narrativ nicht aufeinander auf und sie haben auch keine chronologisch festgelegte Reihenfolge. Die Serie als solche wird formal über ein einheitliches Format und die Art der Abzüge optisch fixiert und inhaltlich durch ein übergreifendes Hauptthema wie z. B. den Bergbau. Letzteres ist ohne Zusatzinformation für den Betrachter nicht immer auf den ersten Blick ersichtlich, wie z. B. im Bild *Andamooka Opal 2* aus der Serie *Trespassing* (siehe S. 51). Hier mag der Betrachter die Mine zunächst vergeblich suchen, stattdessen fällt der Blick auf einen bizarren Friedhof. Der Kontext zum Bergbau wird erst klar, wenn man weiß, dass die Hügel im Hintergrund, die in ihrer Ähnlichkeit beinahe ein Echo zu den Gräbern im Vordergrund bilden, Teil einer Opalmine sind. Fast immer wähle ich deshalb einen Titel, der indirekt auf die Thematik hinweist und den Zusammenhang zur Serie sichtbar macht.

Insgesamt zielen die Serien nicht darauf ab, im Sinne einer Reportage eine leicht lesbare Story anzubieten. Vielmehr geht es um eine Art Essay, der eine Annäherung an einen Landschaftsraum aus verschiedenen Perspektiven zum Thema hat und darüber eine atmosphärische und inhaltliche Dichte erzeugt.

US: Welche Rolle spielen in diesem Zusammenhang die kleinformatigen Reihen wie beispielsweise *Die Inseln*, die neben den großformatigen Serien entstehen? In dieser Publikation hast du auch einige kleinformatige Bilder der Serie *Trespassing* aufgenommen. Welchen Platz nehmen diese Bilder innerhalb deiner Arbeit ein? Und wie setzt du sie im Ausstellungskontext ein?

NG: Das ist sehr unterschiedlich. Die kleinformatigen Arbeiten der Serie *Trespassing* beispielsweise sind als autonome Bilder konzipiert. Sie ergeben miteinander keine eigenständige Serie wie z. B. Die *Inseln*[7] oder *Woomera*[8]. Sie sind Teile eines persönlichen Bildarchivs und besitzen eher den Charakter eines Reisetagebuches. Auch sind sie wenig bearbeitet, wodurch sie dokumentarischer wirken. Ich habe sie in Bezug zu den großen ikonenhaften Bildern der gleichnamigen Serie entworfen. Die Idee ist, dass sie mit diesen in unterschiedlichen Kombinationen präsentiert werden und dadurch andere, neue Deutungsmöglichkeiten evozieren oder konkretisieren können.[9]

US: Wie bereits besprochen, verzichtest du auf den Nachweis der Konstruiertheit der Bilder. Du spielst weder das Genre „Landschaft" in einer Serie beispielhaft durch, noch bedienst du dich einer Collagetechnik, die Brüche betont, um die Referenzialität des Bildes unter Beweis zu stellen. Im Gegenteil, deine Eingriffe wollen gerade bei den jüngsten Bildern zunächst entdeckt werden und sind deiner handwerklichen Feinarbeit zu verdanken. Warum bevorzugst du den Eindruck eines scheinbar kohärenten Bildganzen?

7 *Die Inseln* untersucht die Beziehung zwischen Architektur und Topografie vor dem Hintergrund der Siedlungsgeschichte des arktischen Inselarchipels Spitzbergen. Die Serie zeigt kleine Behausungen, die größtenteils zu Beginn des 20. Jahrhunderts von Jägern und Fallenstellern sowie von Bergarbeitern errichtet wurden. Sie sind Teil des arktischen Weltkulturerbes.

8 Woomera liegt am Stuart Highway, der von Adelaide nach Darwin im Norden Australiens führt. Der Name des Ortes stammt von der gleichnamigen Waffe der Aborigines, einem Wurfspeer mit Schleudervorrichtung. Die Serie setzt sich mit der Vergangenheit der britischen Atomtests im Umland auseinander.

9 Im Ausstellungskontext wurden beispielsweise die beiden kleinen Bilder *Andamooka Desert* und *Cue Old Prison* gemeinsam mit dem Bild *Newman Iron Ore* gezeigt (siehe Katalog *Trespassing*, S. 52-55), während sie in einer weiteren Ausstellung mit der Arbeit *Big Bell Loop* präsentiert wurden. Durch diese verschiedenartigen Hängungen entstanden unterschiedlich pointierte Methaphern zur Situation und Geschichte Australiens.

NG: Mir ist es wichtig, dass das Bild zunächst als glaubhafte Fotografie eines Ortes angenommen wird und nicht als Bildcollage. Diese würde die Konstruiertheit zu stark betonen. Ich möchte aber, dass man sich mit der Realität eines Ortes auseinandersetzt, selbst wenn Teile des Bildes, das diesen Ort darstellt, von mir konstruiert sind. Deshalb ist es wichtig, dass sich die Brüche nicht direkt entschlüsseln lassen, sondern eher intuitiv spürbar bleiben, auch um eine gewisse Spannung beim Betrachter hervorzurufen.

US: Tatsächlich ergibt sich bei längerem Betrachten nicht nur – was den von Dir angelegten Betrachterstandpunkt anbelangt – eine merkwürdige Verunsicherung. Das vermeintlich geschlossene Bildganze entpuppt sich als doppelbödige Konstruktion. Auch wenn es vielleicht nicht anständig ist, nach deinem Verfahren zu fragen, aber wie gehst du bei der Bearbeitung der Bilder vor?

NG: Ein wesentliches Moment ist sicherlich, dass die Bildelemente oft nicht logisch, aber insgesamt dennoch stimmig wirken. Bei der Konstruktion meiner Bilder nutze ich verschiedene Aufnahmen unterschiedlicher perspektivischer Ansichten eines Ortes oder unterschiedlicher Lichtsituationen, die ich dann ineinandercollagiere. Ein Beispiel dafür ist die Arbeit *Big Bell Loop* (siehe S. 69), die das Innere einer Industrieruine auf dem Gelände der verlassenen Bergbausiedlung „Big Bell"[10] zeigt. Ich habe den Raum perspektivisch gedoppelt, wodurch der Eindruck entsteht, dass er „geloopt" ist und infolgedessen nicht mehr verlassen werden kann. Ich wollte mit dieser Art der Darstellung ein Bild konstruieren, das stellvertretend für eine Situation ist, der man scheinbar nicht entkommen kann. Die Arbeit bezieht sich auf die großindustrielle Förderung im Outback, die von massiven wirtschaftlichen Abhängigkeiten geprägt ist und auch deshalb immer weiter hochgerüstet wird.

Bei anderen Bildern nehme ich gezielt Einfluss auf die Größenverhältnisse und Abstände der Bildelemente zueinander. Mit dieser Technik und durch die Eingriffe ganz generell entsteht beim Betrachter die Verunsicherung, von der du gerade gesprochen hast und die u. a. ein Schlüssel zur Dechiffrierbarkeit der unterschiedlichen Inhaltsebenen ist. Diese setzen sich aus dem Wissen um den Ort und seine Geschichte, aus kollektiven Bildprägungen und individueller Fantasie zusammen.

US: Trotz der ernsten Thematik gibt es immer wieder Bilder in den Serien, die mich zum Schmunzeln bringen. Neben Großaufnahmen durchaus beängstigenden Inhalts stehen gleichberechtigt beinahe pittoresk anmutende Bilder mit „Heile-Welt"-Wölkchen oder solche, die eher die Populärkultur zu zitieren scheinen: ein Minibagger, der dem Roboter *R2-D2* aus *Starwars* gleicht, durchpflügt eine endlose Wüstenlandschaft. Manchmal übertreibst du die pathetischen Momente wie Wolkenformationen und einbrechendes Sonnenlicht fast bis ins Absurde.

NG: Ja, Humor ist mir sehr wichtig. Mit der Arbeit *Kapp Amsterdam* (siehe S. 17) schwebte mir beispielsweise ein Bild vor, das eine Mischung ist aus Erhabenheitspathos, Auferstehungsmythos und Endzeitapokalypse, wie man sie aus vielen Schlusssequenzen von Science-Fiction-Filmen kennt (u. a. auch in *The Quiet Earth*). Es ging dabei um ein Bild, das in jede dieser Richtungen deutbar ist, und das sollte auf humorvolle Weise geschehen. Über die Spiegelung der Himmelssituation kommt es zu Assoziationen mit Bildern von Atompilzen und dem göttlichen Auge. Viele Arbeiten zeigen neben dieser Doppelbödigkeit auch absurde Momente und Konstellationen bzw. machen diese sichtbar. Beispiele hierfür sind *Andamooka Opal 1* (siehe S. 49) und *Die Arche* (siehe S. 25). Letztere zeigt den Eingang des „Svalbard Global Seed Vault", der weltweiten

10 „Big Bell" ist der Name einer 2003 stillgelegten Goldbergbausiedlung. Sie befindet sich in der Nähe der Kleinstadt Cue im Westen des australischen Outbacks.

Saatgutbank, in der die Samen der wichtigsten Nutzpflanzen der Erde im konservierenden Permafrostklima eines arktischen Bergbaustollens gelagert werden. Ich habe das Gebäude von der für den Besucher uneinsehbaren Seite aus fotografiert. Ein roter Schlauch pumpte hier in Intervallen das sich sammelnde Schmelzwasser nach außen ins Gelände. Mir kam der Schlauch wie eine Art Nabelschnur des Gebäudes vor, deren Flüssigkeit die Umgebung zu fluten schien.

Ein anderes Beispiel ist *Port Augusta Coal* (siehe S. 39) – hier entsteht das absurde Moment aufgrund der widersprüchlichen räumlichen Wahrnehmung, die sich zwischen Flächigkeit und Tiefenwirkung bewegt, wie auch durch die merkwürdig verschobenen Größenverhältnisse. Die Industrieanlage im Hintergrund wirkt wie eine Modellbaulandschaft und erhält durch die Schäfchenwolken am Himmel einen fast niedlichen Charakter, den sie ja tatsächlich ganz und gar nicht hat. Die Vorlagen für das Bild habe ich von einem schmalen Damm aus fotografiert, der zwischen der Meeresbucht und einem vierspurigen Highway verlief, auf dem unzählige Trucks und Pkws unterwegs waren. So stand ich mit meiner Kamera wie in einer Schneise zwischen totaler Stille auf der einen und unbändigem Lärm durch den Straßenverkehr auf der anderen Seite.

Beim Fotografieren selbst sind es so auch die absurden Konstellationen, die sich um das Motiv scharen, die Widersprüchliches, Schräges oder eine besonders ausgeprägte Künstlichkeit besitzen und die mich dann auf das aufmerksam werden lassen, was ich später herausarbeite.

US: Deine Bilder wirken trotz der Abbildung moderner Lebensräume und entsprechender Technik oft wie aus der Zeit gefallen. Sicherlich ist dies zum Teil auf das Ruinöse der Sujets und das Fehlen von Personen, also auf die Verlassenheit der Orte zurückzuführen. Was veranlasst dich, Zeitgenössisches zeitlos zu inszenieren?

NG: Das hat mit der Wahrnehmung von Vergänglichkeit an den Orten zu tun. So war es für mich ein sehr eindrückliches Erlebnis, festzustellen, dass die Existenz von Zeit in der Arktis – bedingt durch das im Sommer 24 Stunden gleichbleibende Tageslicht – fast nicht spürbar ist. In der Wahrnehmung der Orte kommt es so zu einer Form vermeintlicher Ewigkeit. Dies steht wiederum im Kontrast zu der Tatsache, dass die Orte in ihrer gegenwärtigen Gestalt durch die klimatischen Verhältnisse verschwinden werden. Meine Motivation, diese Orte zeitlos zu zeigen, entspringt dem Wunsch, sie in ihrer aktuellen Form zu bewahren. Die Art meiner Darstellung hat deshalb etwas Exemplarisches. Meine Bilder sollen eine gewisse Überzeitlichkeit besitzen und nicht nur an den Augenblick gebunden sein. Sie sollen im besten Fall als eine Art Kapsel fungieren, die eine Fülle an Momenten und Assoziationen speichert, die sich im Blick des Betrachters wieder entschlüsseln und entfalten können.

US: Du hast bei Hermann Nitsch an der Städelschule in Frankfurt interdisziplinäre Kunst studiert. Dein Hintergrund ist also weniger ein spezifisch fotografischer, wie das z. B. bei einem Studium an der Düsseldorfer Akademie, der Folkwangschule in Essen oder der HBK Braunschweig der Fall wäre. Vielmehr stehen Praktiken der Inszenierung und Aneignung, die Aktion als energetischer Prozess wie auch Malerei, Grafik und Fotografie auch als Dokumentation und Aufzeichnungsmedien im Zentrum künstlerischer Auseinandersetzung. Während deines Studiums entstanden erste fotografische Arbeiten, die sich mit der Inszenierung von Stadtraum

und Rollenspielen beschäftigten. Wie würdest du diese Einflüsse auf deine heutige fotografische Praxis beschreiben?

NG: Während meines Studiums habe ich mit vielen Medien gearbeitet, angefangen bei Performances über Objekte bis hin zu Installationen. Hätte ich ein „klassisches" Fotografiestudium absolviert, würde ich heute sicherlich anders arbeiten. Durch das Fehlen einer fotografischen Lehre habe ich in einem rein autodidaktischen Prozess meine Arbeitsweise entwickelt und bin dadurch sehr unbefangen mit dem Medium umgegangen. Zur Fotografie bin ich über meine Skizzenbücher gekommen. Diese enthielten kleine Collagen, die aus den Fotografien, die ich vor Ort realisiert hatte, entstanden sind. Die Bücher hatten alle ein eigenes Thema und waren hinsichtlich ihres Charakters Reisetagebüchern verwandt.

Ein weiterer wichtiger Impuls in Richtung Fotografie und Inszenierung kam durch die Zusammenarbeit mit der Künstlerin Minka Maslowski.[11] In unserer bisherigen Arbeit inszenierten wir uns in unterschiedlichen Rollen an Orten, die wir spannend fanden, und entwickelten über kleine Storyboards Geschichten, für die wir von der Ausstattung über das Licht und die Kameraführung bis hin zu den Kostümen und der Maske alles in Eigenregie realisierten. Wir spielten mit Rollenklischees, Künstlichkeit und offensichtlicher Staffage. Unsere Fotografien zeigen die Protagonisten oft brüchig und ironisch überspitzt. Sie stellen das Porträt eines Zustandes dar oder versinnbildlichen ein bestimmtes Lebensgefühl. Diese Arbeiten beeinflussten auf jeden Fall meine ersten digital bearbeiteten Collagen, die 1998 zum Ende meines Studiums entstanden. Meine Arbeitsweise hat sich seit diesem Zeitpunkt immer weiter verfeinert, bis man die Schnitte und Eingriffe im Bild irgendwann nicht mehr wahrnehmen konnte. Die ersten Bilder, die in der Art waren, wie ich heute arbeite, entstanden 2001 und sind Teil der Serien *Astroland* und *Omaha Beach*.[12]

Rückblickend denke ich, dass dieser stark inszenatorische Ansatz, der sich an der Atmosphäre eines Ortes orientiert, wie auch das Erleben und Nachvollziehen einer bestimmten Rolle oder bestimmter Vorstellungen, die durchaus auch Klischees miteinbeziehen, meinen Zugang zur Fotografie geprägt haben. Mehr noch – er hilft mir, meine Eindrücke von „Welt" zu vielschichtigen und komplexen Bildern zu verdichten und zumindest in bestimmten Momenten ein für mich stimmiges, aber mit allen Brüchen und Absurditäten des Daseins verbundenes Bild zu entwickeln.

11 Siehe MASLOWSKI/GRENZHAEUSER: *24 Poses*, Nogoodindustry Verlag, Paris 2002, und *tage des glücks*, Bruno Dorn Verlag, Berlin 2008.

12 Siehe *Nathalie Grenzhaeuser*, Ausstellungskatalog Forum 1822, Frankfurt/M. 2004.

AMBIGUOUS TERRAIN . ON THE CONSTRUCTION OF LANDSCAPE

A conversation between Ursula Schöndeling and Nathalie Grenzhaeuser

URSULA SCHÖNDELING: **In the publication at hand as well as in the corresponding exhibitions you assembled an image series from Spitsbergen and from the Australian outback. Earlier series were dedicated to famous urban landscapes such as Coney Island in New York and La Défense in Paris or they characterised history-charged places like Omaha Beach in Normandy. As a common thread, all these locations were featured in popular movies. What makes you interested in these locations? And in retrospect, is there something you could name as a reason for the explicit choice of these landscapes?**

NATHALIE GRENZHAEUSER: My special attraction to these places is based on their spectacular history and their outstanding topography. I am interested in these landscapes because they are fraught with modern myths. They prompt ideas and visions that are shot through with societal clichés, such as the 'heroic deed' or the concept of 'untouched nature'.

On site, it is then the clash between expectation and reality that interests me. I am fascinated by the way in which the images and impressions we have brought along change in situ and where, eventually, an intersection of reality and imagination could be perceived. Other criteria for my selective choice were the state of these places, characterised as they are by a transitional stage. With regard to the arctic and to the Australian landforms this transition can be traced back to climatic changes, on the other hand it is also the result of direct human interventions such as mining, which moves the natural landscape towards being a purely economic resource supplier.

My interest in these places is combined with the idea to create—out of this huge pool of imaginative templates that are related to them—some kind of iconic image that is sustainable. This is why I often chose while photographing a perspective that exemplifies the site in a picturesque way, making it appear similar to a (movie) setting.

US: You mentioned this intersection of reality and expectation. The term 'landscape' is particularly linked to multi-layered concepts characterised by economical and historical shifts.[1] In the past decades this term has been examined by cultural scientists, geographers, ethnographers and architects with special reference to its qualities as cultural landscape and the various approaches this entails.[2] In order to make the construction of landscape in relation with a photographic picture feasible—to 'denaturalise' the picture in a sense—some artists borrow from other media "ready-made" image material.

And to follow this train of thought a bit further: The indexical character of photography (indexing a physically existing place) has been discussed for a long time—and with the introduction of the digital image it has been passed off as being fully obsolete by theorists as well as practitioners. For you though, the physical experience of travelling, being on site and the taking of analogue photographs, all continually form part of your artistic practice. Why is it that these locally anchored experiences and the use of your own images are still so important for you, even in the age of Web 2.0 and in the face of readily available image archives?

NG: Basically it's important for me to photograph everything by myself because it already happens at this stage of my work that the most elementary decisions in respect to composition, image details and exposure are made. These modes also determine the way in which I will approach the digital editing later on. Additionally I need the physical experience in situ, since this is what primarily allows for the relativisation and concretisation of the concepts I brought along. Sometimes it might even happen that a kind

1 JOACHIM RITTER: *Landschaft. Zur Funktion des Ästhetischen in der modernen Gesellschaft*, in id.: *Subjektivität. Sechs Aufsätze.* Frankfurt/M. 1974; *Landschaft*, in *Historisches Wörterbuch der Philosophie*, Basel 1980; *Landschaft*, in *Lexikon Aesthetischer Grundbegriffe*, Bd. 3, Stuttgart 2003. *Landscape*, in *Dictionary of Art*, London 1996.

2 See also. *Landschaftstheorie*, ed. by BRIGITTE FRANZEN and STEFANIE KREBS, Köln 2005; *Mikrolandschaften*, ed. by BRIGITTE FRANZEN and STEFANIE KREBS, Münster 2006; *Pittoresk – neue Perspektiven auf das Landschaftsbild*, ed. by MARTA HERFORD ET AL., Herford 2009

of 'disillusionment' takes place—that the location doesn't keep the promise I had envisaged beforehand so to say, because myth and reality are almost certainly not congruent. Therefore I begin my work with a 'search for traces', in the course of which I take pictures of those characteristics which seem essential to my eyes and which seemingly determine the atmosphere of the place. Liminal experiences form an important part of this physical 'being there'. Often it is only because of them that certain ways of seeing come about. During my last journey to Spitsbergen in late summer 2009, for instance, I was sometimes travelling for whole days on my own. Feelings of self-determination alternated with the sensation of being completely thrown back onto one's very own existence. The ever-present danger of loss of orientation, weather changes and encounters with polar bears required constant concentration. Boredom and pain were creeping in on those hikes—for hours nothing changed in the landscape, while the luggage seemed to grow heavier and heavier. These experiences necessitate a very physical kind of meditation inducing a mixture of various tensions, but also states of alertness and endurance. Of course this prompts a change in perceiving the landform and it also influences the photographic process as well as the presentation.

US: Under these circumstances, what good reasons are there for the use of analogue equipment—on rough terrain a digital camera would certainly facilitate things, wouldn't it?

NG: Although I use digital media, I prefer analogue to digital photographic technology. The camera I work with—a Mamiya 6x7 medium format—is relatively lightweight and at the same time robust and such an ideal prerequisite for intense camping hikes under extreme weather conditions. And I am independent from power sources. Apart from that, I like the tension and concentration due to the limitation of the film material. Every picture counts, so the act of picture taking turns into a magic moment that everything adds up to.

US: Again to come back to your statement about the intersection of reality and expectation, meaning the clash between actual perceptions and visualisations—this interweaving is mirrored in your working mode. Your photographs derive from an extensive process comprising different phases: First of all you are travelling through the landforms and take analogue photographs on site, after that there comes the selection of the images and finally there is the digital reworking that leads to a new picture. You have been speaking earlier of the myths of places and their related clichés. Can you say something about those expectations and image worlds that have been crucial for you? How did some of these expectations change on location?

NG: Initially it was the existential character of these places deriving from their climatic conditions that made me curious. I simply wanted to know what life is like in these places, what the people are doing there and what could be found there.

When I undertook my first journey to Spitsbergen in 2005, I wasn't really acquainted with any recent image material from the arctic. My visual ideas concerning this landform were mainly the result of my involvement with historical expedition photographers like Salomon Andrées' failed balloon excursion to the north pole in 1897 or by Frank Hurley who participated in the Shackleton expedition to Antarctica.[3] This source material has influenced my conception of this specific landform and consequently also the imagery of my first works.

3 See: *Frozen Photography*, Feature by TYRONE MARTINSSON, *Merge Magazine #14+15*, and *South with Endurance, Shackleton's Antarctic Expedition 1914-1917, The Photographs of Frank Hurley*, Bloomsbury Publishing PLC; Ted Smart, 2001.

It was not until my second journey in 2006—being already familiar with the places I wanted to photograph—that I succeeded in a more 'independent' workflow. Because by then I was able to link up my various imaginative perceptions with the reality in situ according to my own personal knowledge.

In the course of this development the focus shifted to mining, something which was triggered by my continually recurring confrontation with the Spitsbergen archipelago's history of industrialisation. Related to this I got especially interested in the inherent threat for man which, on the one hand, is due to the landform per se, but which on the other hand is a result of mankind's activities and industrial exploitation. These themes, connected with the very characteristics of the places themselves and the aspect of human failures which already intrigued me during my first journey, then lead—in the style of the movie *The Quiet Earth / Das letzte Experiment*[4]—to the series *Die Konstruktion der stillen Welt (The Construction of the Quiet Earth).*

US: Despite their common theme the two photographic series from Australia and the Arctic differ in their image conception. All together the pictures of Australia seem less fantastic and spectacular in a different way. One could almost say that your Australian approach bears resemblance to a more journalistic point of view. What made you decide to follow a different path concerning this series?

NG: After my journey to Spitsbergen in 2006 and especially after the realisation of the photographs taken at Sveagruva, the sole mining settlement still operating, I wanted to follow up on the subject of mining in inhospitable landforms. Hence it was a fortunate circumstance to receive a residency in Australia in 2007, a country where mining significantly affects the landscape of whole regions and plays economically a central role. So I began to plan a 5600 km travel route covering the south and west of the country and which included a selection of various large-scale mining districts. During the journey it became apparent that the land alongside the roads is for the greater part defined by industrial areas, with nuclear exclusion areas in between and some few nature reserves. But as for the portrayal of the places, I didn't focus explicitly on ecological aspects. The central idea was—just as in my earlier work—to carve out the changes related to the character and the meaning of landscape.[5]

In these places there no longer exists a 'naturally' grown landscape, we are dealing here with industrial and "new" scapes that have been utterly redesigned by man and which breathe an atmosphere constantly oscillating between fascination and fright. Related to, and as a result of, the multitude of myths depicting the Outback as a 'threatening' and lawless zone—mainly because of its sheer expanse and being therefore beyond control—the title of the series finally evolved: *Trespassing,* in German: *Unerlaubtes Betreten.* Within it I intended to address all the afore-mentioned topics.

Beforehand I did some research and I was obliged to obtain the official authorisations for photographing the areas I was interested in. Owing to my intense exploratory work and on the basis of the quite expansive photographic material I was able to form a picture of the envisaged locations already before I started on my journey; this included for example the uranium and copper mines of "Olympic Dam", the opal mining town Andamooka in southern Australia, the iron ore mine "Newman" located in the west and the industrial areas of the commodity shipping harbour of Port Headland.

Hence my ideas about what to expect there were quite tangible and also the conditions differed strongly from the premises on which my first journey to Spitsbergen was based. What I saw then on location—the giant potholes of the mines, the mountains

4 *The Quiet Earth,* science-fiction-movie from New Zealand, by Geoff Murphy, 1985.

5 For the native people of Australia, the desert regions hold an existential and mythical meaning. Opposed to that is the large-scale industrial exploitation of these areas, grounded on the discovery of the abundance of natural resources and the consequent industrialisation of the land which no longer allows for a traditional way of living.

of industrial waste and raw material—came close to some kind of war report from the site 'Earth': This too was different from Spitsbergen. This fact, in combination with the interplay of the hard contrasts caused by the intense direct sunlight and the screaming colours of sky and earth that evoke something very concrete, has virtually provoked this style of reportage.

US: The first pictures from Spitsbergen differ from the more recent works of the same series. In between you went to Australia. Which experiences lead to a change in your working mode?

NG: I think that my point of view towards landforms has generally changed. Already prior to the Australian trip I had set out to use a different approach in photographing. I wanted to get away from the classical depiction of landscape by means of a wide angle or panoramic view—indeed, nearly all first pictures from the series *Die Konstruktion der stillen Welt (The Construction of the Quiet Earth)* were conceived of in that way. I felt irritated by the aspect of grandeur that is expedited by this mode of imagery.

Moreover I wanted to get closer to the motives, to lessen the distance as it were and achieve a different dynamic for the picture. This was certainly a development that came automatically with the choice of the subject and with my findings on site in Australia. I started to work with optical illusions with regard to the spatial effects by choosing a point of view while photographing that emphasised the flatness of the motive (see *Port Headland Salt*, p. 57). In addition I employed close-ups for the first time (see *Leigh Creek Mine*, p. 46) or introduced falling lines (see *Port Headland Iron Ore*, p. 61). These new modes of vision consequently led to a new kind of imagery that I intended to follow up in Spitsbergen. The similarity of the subject served this intention well.[6] But contributing to the impression that the recent Spitsbergen works come across in a different fantastic way, is definitely also owed to the fact that I took the pictures during summer, then without snow.

US: The work on *Die Konstruktion der stillen Welt (The Construction of the Quiet Earth)* now encompasses a time period of almost five years and is not completed yet. The series consists of very dissimilar pictures—how do you proceed in selecting the images, notably with regard to the compilation of the series?

NG: All series are created within an 'open' process for which there exists no specific timeframe. The different pictures often derive from several journeys in one region. Within the frame of my third journey to Spitsbergen for example, I planned to realise a new independent series about Pyramiden. When I reworked the pictures later on, I found that they too form a progression of *Die Konstruktion der stillen Welt (The Construction of the Quiet Earth)* and that the whole series can be further developed in that new way.

Due to the long development period of the images, the original concepts change, they are continued or they intertwine with the imagery of previous works. That's how stylistic differences arise over the course of time, and as of late there evolves this transgression of genre lines.

Basically my working mode aims at creating pictures that may function fully independent from the serial context. Each picture displays a different aspect that has not been thematised in any other. Within a series, the images mostly are not sequenced in the sense of a narrative and neither do they depend on a chronological order. The series as such is fixed formally via a consistent format, printing technique and, as for the content, by an overall theme, mining for example.

6 Except for *Mimikry*, *Stille Welt* and *Die Arche*, all pictures after 2007 originated from Pyramiden, a Russian mining town on Spitsbergen, abandoned since 1998.

Some of the latter is not always immediately obvious to the observer without additional information, as for instance with the picture *Andamooka Opal 2* from the series *Trespassing* (see p. 51). Here the observer might look in vain for the mine, instead his eye catches the view of a bizarre cemetery. The relation to mining only becomes clear once one knows that the hills in the background belong to an opal mine and that in their outline there is a sort of echo of the shapes of the graves in the foreground. This is why I mostly choose a title which indirectly points to the subject matter and which makes the overall context visible.

All in all the series are not intended to offer an easily feasible story in the sense of a report. They rather form some sort of essay which addresses an approximation towards a landform from different perspectives and which, on top of that, creates an atmospheric and content-related concentration.

US: Within this nexus, what roll does your small-format series such as *Die Inseln* play with the large-scale works? In the publication at hand you included some small-scale pictures of the series *Trespassing*. Which part do they play within your work cycle? And how are they inserted into an exhibition context?

NG: That's very different. For instance, the small-format works from *Trespassing* are conceived of as autonomous pictures. All together they do not form a coherent series such as Die *Inseln*[7] or *Woomera*[8]. They are part of a personal image archive and rather hold the status of a travel log. They are scarcely digitally reworked which lends them a more documentary appeal. I created them in relation to the big iconic images of the identically named series. The idea is to present them in different combinations, and as such opening up for the possibility of evoking or specifying new and different interpretations.[9]

US: As already discussed, you withhold giving any proof of the constructed nature of the pictures. You neither make use of a collage technique that emphasises the breaches nor do you simulate a single genre to put the referentiality of the image to the test. On the contrary, with the more recent pictures in particular, your interventions need to be discovered and owe a great deal to a very refined finishing touch. Why do you prefer the impression of a coherent 'whole' picture?

NG: To me, first of all it is important that the image is perceived as a credible photograph of one specific place and not as a collage. This would put a too strong accent on construction. But my intention is to suggest a confrontation with the reality of a place even though some parts of the picture that actually show this place are construed by me. Therefore it is essential that the breaches are not directly discernible, but stay intuitively tangible, also in order to create a certain tension for the observer.

US: Indeed there arises an element of uncertainty, even beyond this observer's point of view drawn up by you. The supposedly coherent 'whole image' turns out to be an ambiguous construction. Even if it might seem not appropriate to enquire after your methods, how do you proceed in reworking the photographs?

NG: A crucial aspect is certainly that the various elements of the picture are not logically combined but that they are consistent. In the construction of my pictures I use different takes of several perspectives of a location or just different light situations that I then combine. An example of this is the work *Big Bell Loop* (see p. 69) that shows the inside of an wrecked industrial building belonging to the abandoned mining town "Big Bell".[10]

7 *Die Inseln* examines the relationship between architecture and topography against the backdrop of the settlement history of the arctic Spitsbergen archipelago. The series shows small dwellings that for the greater part have been erected in the beginning of the 20th century by hunters and trappers. They form part of the arctic World Heritage site.

8 Woomera is located at the Stuart Highway that runs from Adelaide to Darvin in the north of Australia. The name of the place originates from the same-named Aboriginan weapon, a throwing spear with a launching device. The series deals with the legacy of British nuclear tests in the surrounding area.

9 Within the context of the exhibition for instance, the two small pictures *Andamooka Desert* and *Cue Old Prison* were shown together with the large-scaled *Newman Iron Ore* (see p. 52–55), whereas in a different exhibition they were combined with the work *Big Bell Loop*. By these diversified hangings differently pointed metaphors concerning the situation and history of Australia were put forth.

10 "Big Bell" is the name of a gold mining town, abandoned in 2003. It is located near the small town of Cue in the west of the Australian outback.

I doubled the room's perspective and this creates an impression as if it had been 'looped' and cannot—once entered—be left anymore. By this figure I intended to construct an image that's representative of a situation seemingly impossible to escape from. The work relates to the large-scale industrial exploitation in the outback that is stamped by massive economic dependence and is therefore continually being upgraded. In other pictures I purposefully impinge upon the proportions and distances of the single image elements to each other. It is by means of these methods and other interventions generally that the spectator manages to sense this uncertainty you just mentioned and which is also a key to deciphering the different layers of content. These are made up of the knowledge about the place and its history, of collectively informed images and my individual fantasies.

US: Despite the serious subject matter the series contain there are at times pictures which make me chuckle. Next to large-scale takes displaying a definitively frightening content there are also images present which strike me as almost picturesque, equipped with "ideal world"-cloudlets, or others which apparently seem to quote popular culture: a mini-excavator resembling the robot *R2-D2* from the *Star Wars* movies ploughing through an endless desert landscape. Sometimes you exaggerate pathetic moments like cloud formations and fracturing sunlight until it seems almost absurd.

NG: Yes, humour is very important to me. For the work *Kapp Amsterdam* (see p. 17) for instance, I envisaged an image that would be a mixture of pathetic grandeur, a resurrection myth and end-time apocalypse, just like the ones often used in the final sequences of science fiction movies (also in *The Quiet Earth* etc.). It had to do with an image that could be interpreted in each of these directions and that this should happen in a humorous way. The mirroring of the sky situation evokes associations of mushroom clouds and the eye of God.

Apart from this ambiguity, numerous works also expose absurd moments and constellations or tend to make these visible. Examples are *Andomooka Opal 1* (see p. 49) and *Die Arche* (see p. 25). The latter shows the entrance of the "Svalbard Global Seed Vault", the worldwide seed bank, where the seeds of the world's most important crop plants are stored in the tinning permafrost climate of an arctic mining tunnel. I photographed the building from an angle usually hidden from view for visitors. A red tube was pumping out at intervals the gathering melt-water into the surroundings. To me this tube appeared like a kind of umbilical cord of the building that flooded the environment.

Another example is *Port Augusta Coal* (see p. 39). Here the absurd moment is derived from the ambiguous spatial perception that oscillates between flatness and depth, and also by the curiously displaced proportions. The industrial site in the background seems like a model building-scape and attains an almost cute aspect, something it definitely doesn't deserve. The reference for this picture stems from a photograph taken from a narrow dam running between the bay and a four-lane highway busy with lots of cars and trucks. So I stood with my camera like in a cutting between total silence on the one side and unruly traffic din on the other.

In photographing itself there often lie these absurd constellations gathering around the motive which possess something ambiguous, trippy or an especially distinctive artificiality, and this is where my attention is drawn to, aspects which I set on carving out later.

US: Despite the portrayal of modern habitats and their respective technology your pictures often appear as if they have fallen out of time. Partly this is surely due to the ruination present in the motives and the absence of people and generally to the loneliness of the places. What causes you to stage the contemporary as timeless?

NG: It has to do with the perception of the evanescence of these places. For me it was a very impressive revelation to find that in the arctic the feel of time—due to the unchanging 24-hour sunlight during summer—is almost non-existent. In the perception of places this leads to a kind of supposed eternity. But this is again contrasted by the fact that these places will all disappear because of the climate conditions. My motivation to show these locations as 'timeless' arises from the wish to conserve them in their actual state.

My kind of presentation therefore entails something exemplary. My images should own a certain timelessness without being attached too closely to the present moment. At best, they should function as some kind of capsule storing a multitude of moments and associations that then may unfold and be deciphered in the eye of the observer.

US: You studied interdisciplinary art in the class of Herman Nitsch at the Städelschule in Frankfort. So your background is less specifically photographic than it would have been if you had studied for example at the Düsseldorfer Academy, the Folkwang Schule in Essen or the HBK Braunschweig. Instead, practices of staging and appropriation, of action as an energetic process as well as painting, graphics and photography as a media of documentation and recording, all form the centre of your artistic involvement. During your studies there evolved first photographic works that encompassed the mise-en-scene of urban environment and role-play. How far have these activities influenced your current photographic practice?

NG: During my studies I worked with numerous media, starting from performances to objects to installations. If I had graduated from 'classic' photography classes I would certainly work differently today. This lack of a photographic apprenticeship prompted me to develop my working mode on a purely autodidactic basis and therefore I came to use this media very freely.

I came to photography through my sketchbooks. They contained little collages derived from pre-existing realised photographs on location. The books each had their own theme and related by their character to travel diaries. Another important impulse in the direction of photography and staging came through the collaboration with the artist Minka Maslowski.[11] In our previous works we staged each other in several roles and in places we found fascinating, we developed narratives via little storyboards and realised them autonomously from props to lighting, camera work to costumes and masks.

We played with character clichés, artificiality and obvious staffage. Our photographs showed the protagonists often disrupted and ironically exaggerated. They portray either a state of mind or they illustrate a specific attitude toward life. In any case, these works influenced my first digitally reworked collages that occurred at the end of my studies in 1998. Since then my working mode has continuously gained refinement until the cuts and interventions in the picture were no longer discernible. The first images of the kind I am making today stem from 2001 and are part of the series *Astroland* and *Omaha Beach.*[12]

On looking back I think that this strongly directorial approach—guided by the very atmosphere of a location as well as the experiencing and re-enacting of a specific role

11 See MASLOWSKI/GRENZHAEUSER: *24 Poses*, Nogoodindustry Verlag, Paris 2002; and *tage des glücks*, Bruno Dorn Verlag, Berlin 2008.

12 See *Nathalie Grenzhaeuser*, exhibition catalogue Forum 1822, Frankfurt/M. 2004.

or of specific concepts that may also include clichés—has significantly shaped my entry into photography. More than this—it is indispensable in helping me to condense my impressions of the 'world' into complex and multi-levelled images and to develop, at least at some moments, a personally congruent image which is still connected to all the breaches and absurdities of existence.

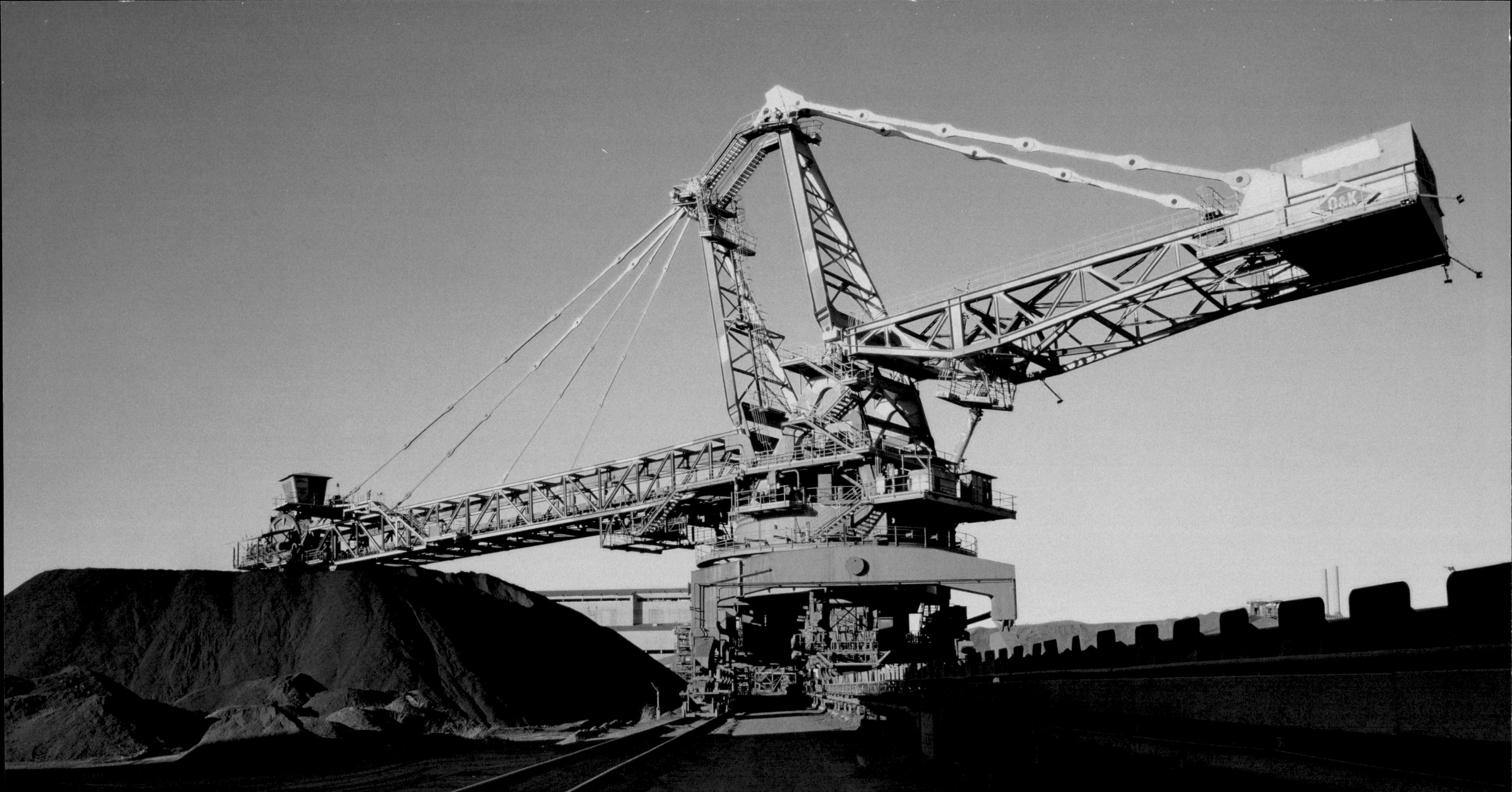

WERKVERZEICHNIS

AUS DER SERIE **DIE KONSTRUKTION DER STILLEN WELT** / FROM THE SERIES **THE CONSTRUCTION OF THE QUIET EARTH**

Seite/Page: 7 — ***Treibgut,*** 2007, Lightjet Print, Diasec matt, 98 x 130 cm. / ***Flotsame,*** 2007, Lightjet Print, Diasec matt, 98 x 130 cm.

Seite/Page 9 — ***Mimikry,*** 2010, Lightjet Print, Diasec matt, 120 x 160 cm. / ***Mimicry,*** 2010, Lightjet Print, Diasec matt, 120 x 160 cm.

Seite/Page 11 — ***Zuckerhut,*** 2007, Lightjet Print, Diasec matt, 120 x 160 cm. / ***Zuckerhut,*** 2007, Lightjet Print, Diasec matt, 120 x 160 cm.

Seite/Page 13 — ***Winkelstation,*** 2007, Lightjet Print, Diasec matt, 120 x 160 cm. / ***Winkelstation,*** 2007 Lightjet Print, Diasec matt, 120 x 160 cm.

Seite/Page 15 — ***Schmelze,*** 2007, Lightjet Print, Diasec matt, 120 x 160 cm. / ***Melting,*** 2007, Lightjet Print, Diasec matt, 120 x 160 cm.

Seite/Page 17 — ***Kapp Amsterdam,*** 2007, Lightjet Print, Diasec matt, 120 x 160 cm. / ***Kapp Amsterdam,*** 2007, Lightjet Print, Diasec matt, 120 x 160 cm.

Seite/Page 19 — ***Hotellneset,*** 2007, Lightjet Print, Diasec matt, 120 x 160 cm. / ***Hotellneset,*** 2007, Lightjet Print, Diasec matt, 120 x 160 cm.

Seite/Page 21 — ***Svalsat,*** 2007, Lightjet Print, Diasec matt, 120 x 160 cm. / ***Svalsat,*** 2007, Lightjet Print, Diasec matt, 120 x 160 cm.

Seite/Page 23 — ***Stille Welt,*** 2011, Lightjet Print, Diasec matt, 120 x 160 cm. / ***Quiet Earth,*** 2011, Lightjet Print, Diasec matt, 120 x 160 cm.

Seite/Page 25 — ***Die Arche,*** 2010, Lightjet Print, Diasec matt, 120 x 160 cm. / ***The Global Seed Vault,*** 2010, Lightjet Print, Diasec matt, 120 x 160 cm.

Seite/Page 27 — ***Der schmale Grat,*** 2010, Lightjet Print, Diasec matt, 120 x 160 cm. / ***The Fine Line,*** 2010, Lightjet Print, Diasec matt, 120 x 160 cm.

Seite/Page 29 — ***Pyramida Spiralsee,*** 2011, Lightjet Print, Diasec matt, 98 x 130 cm. / ***Pyramida Spiral Lake,*** 2011, Lightjet Print, Diasec matt, 98 x 130 cm.

Seite/Page 31 — ***Pyramida Power Plant***, 2010, Lightjet Print, Diasec matt, 120 x 160 cm. / ***Pyramida Power Plant,*** 2010, Lightjet Print, Diasec matt, 120 x 160 cm.

Seite/Page 33 — ***Pyramida,*** 2011, Lightjet Print, Diasec matt, 120 x 160 cm. / ***Pyramida,*** 2011, Lightjet Print, Diasec matt, 120 x 160 cm.

Seite/Page 35 — ***Pyramida Schacht,*** 2010, Lightjet Print, Diasec matt, 98 x 130 cm. / ***Pyramida Shaft,*** 2010, Lightjet Print, Diasec matt, 98 x 130 cm.

AUS DER SERIE **TRESPASSING** / FROM THE SERIES **TRESPASSING**

Seite/Page 39 — ***Port Augusta Coal,*** 2009, Lightjet Print, 113 x 147 cm, gerahmt. / ***Port Augusta Coal,*** 2009, Lightjet Print, 113 x 147 cm, framed.

Seite/Page 40 — ***Olympic Dam Mine,*** 2010, Lightjet Print, 50 x 59 cm, gerahmt. / ***Olympic Dam Mine,*** 2010, Lightjet Print, 50 x 59 cm, framed.

Seite/Page 41 — ***Olympic Dam Uranium,*** 2010, Lightjet Print, 125 x 103 cm, gerahmt. / ***Olympic Dam Uranium,*** 2010, Lightjet Print, 125 x 103 cm, framed.

Seite/Page 43 — ***Leigh Creek Coal,*** 2009, Lightjet Print, 113 x 147 cm, gerahmt. / ***Leigh Creek Coal,*** 2009, Lightjet Print, 113 x 147 cm, framed.

Seite/Page 45 — ***Oriental Gold,*** 2008, Lightjet Print, 113 x 147 cm, gerahmt. / ***Oriental Gold,*** 2008, Lightjet Print, 113 x 147 cm, framed.

Seite/Page 46 — ***Leigh Creek Mine,*** 2008, Lightjet Print, 50 x 59 cm, gerahmt. / ***Leigh Creek Mine,*** 2008, Lightjet Print, 50 x 59 cm, framed.

Seite/Page 47 — ***Andamooka Car Cemetery,*** 2011, Lightjet Print, 50 x 59 cm, gerahmt. / ***Andamooka Car Cemetery,*** 2011, Lightjet Print, 50 x 59 cm, framed.

Seite/Page 49 — ***Andamooka Opal 1,*** 2009, Lightjet Print, 113 x 147 cm, gerahmt. / ***Andamooka Opal 1,*** 2009, Lightjet Print, 113 x 147 cm, framed.

Seite/Page 51 — ***Andamooka Opal 2,*** 2009, Lightjet Print, 113 x 147 cm, gerahmt. / ***Andamooka Opal 2,*** 2009, Lightjet Print, 113 x 147 cm, framed.

Seite/Page 52 — ***Cue Old Prison,*** 2010, Lightjet Print, 50 x 59 cm, gerahmt. / ***Cue Old Prison,*** 2010, Lightjet Print, 50 x 59 cm, framed.

Seite/Page 53 — ***Andamooka Desert,*** 2010, Lightjet Print, 50 x 59 cm, gerahmt. / ***Andamooka Desert,*** 2010, Lightjet Print, 50 x 59 cm, framed.

Seite/Page 55 — ***Newman Iron Ore,*** 2009, Lightjet Print, 113 x 147 cm, gerahmt. / ***Newman Iron Ore,*** 2009, Lightjet Print, 113 x 147 cm, framed.

Seite/Page 57 — ***Port Headland Salt,*** 2009, Lightjet Print, 113 x 147 cm, gerahmt. / ***Port Headland Salt,*** 2009, Lightjet Print, 113 x 147 cm, framed.

Seite/Page 58 — ***Port Headland BHP,*** 2010, Lightjet Print, 50 x 59 cm, gerahmt. / ***Port Headland BHP,*** 2010, Lightjet Print, 50 x 59 cm, framed.

Seite/Page 59 — ***Port Headland Pier,*** 2010, Lightjet Print, 50 x 59 cm, gerahmt. / ***Port Headland Pier,*** 2010, Lightjet Print, 50 x 59 cm, framed.

Seite/Page 61 — ***Port Headland Iron Ore,*** 2010, Lightjet Print, 113 x 147 cm, gerahmt. / ***Port Headland Iron Ore,*** 2010, Lightjet Print, 113 x 147 cm, framed.

Seite/Page 63 — ***Big Bell Gold 1,*** 2010, Lightjet Print, 113 x 147 cm, gerahmt. / ***Big Bell Gold 1,*** 2010, Lightjet Print, 113 x 147 cm, framed.

Seite/Page 64 — ***Highway to Newman,*** 2010, Lightjet Print, 50 x 59 cm, gerahmt. / ***Highway to Newman,*** 2010, Lightjet Print, 50 x 59 cm, framed.

Seite/Page 65 — ***Big Bell Mine,*** 2011, Lightjet Print, 50 x 59 cm, gerahmt. / ***Big Bell Mine,*** 2011, Lightjet Print, 50 x 59 cm, framed.

Seite/Page 67 — ***Big Bell Gold 2,*** 2010, Lightjet Print, 113 x 147 cm, gerahmt. / ***Big Bell Gold 2,*** 2010, Lightjet Print, 113 x 147 cm, framed.

Seite/Page 69 — ***Big Bell Loop,*** 2010, Lightjet Print, 113 x 147 cm, gerahmt. / ***Big Bell Loop,*** 2010, Lightjet Print, 113 x 147 cm, framed.

NATHALIE GRENZHAEUSER geboren / born in **1969** in Stuttgart, Germany. **1991–97** Studium der interdisziplinären Kunst bei / interdisciplinary art studies under Hermann Nitsch, Städelschule, Frankfurt/M. **1997** Meisterschülerin. **2000** Stipendium der Hessischen Kulturstiftung zusammen mit Minka Maslowski / stipend of the Hessische Kulturstiftung together with Minka Maslowski. **2001** Lehrauftrag an der / adjunct lectureship at the Johannes Gutenberg Universität, Mainz. **2005 / 06** Arbeitsaufenthalt in Spitzbergen / residency in Spitsbergen. **2007** Residence mit Lehrveranstaltungen / residency with adjunct lectureship, Victorian College of the Arts, Melbourne. **2007** Maria Sibylla Merian Preis / Maria Sibylla Merian Award. **2009** Arbeitsaufenthalt in Spitzbergen / residency in Spitsbergen. Lebt und arbeitet in / lives and works in Frankfurt/M. & Berlin.

AUSWAHL EINZELAUSSTELLUNGEN / SELECTED SOLO EXHIBITIONS

2011 *Trespassing,* AtelierFrankfurt, Frankfurt/M. **2010** *Trespassing,* Kunstverein Langenhagen; *Der schmale Grat,* Kunstverein Eislingen. **2009** *Hidden Places* mit / together with Juliane Duda, Galerie Christa Burger, München; *tage des glücks,* Maslowski/Grenzhaeuser, Bruno Dorn Verlag, Berlin (Kat.); *Unsichtbare Orte – Kunst-Stücke 03,* mit / together with Lionel Röhrscheid, Sammlung Advotec, Gießen. **2008** *In der Ferne so nah,* mit / together with Corinna Mayer, Galerie Prento und Wiesel, Wiesbaden. **2007** *The Construction of the Quiet Earth,* VCA Students Gallery, Melbourne; *Von Welten & Werken,* mit / together with Séverine Hubard, Galerie Anita Beckers, Frankfurt/M.; *Die Konstruktion der stillen Welt,* Osram Art Projects, München (Kat.). **2006** *Das Versprechen,* Kunstraum Doppelzimmer, Gießen. **2005** *La Grande Arche,* Nogoodwindow, Paris; *Crossing the Twilight,* Galerie Anita Beckers, Frankfurt/M. **2004** *Die Große Arche,* Forum 1822, Frankfurt/M., (Kat.); *Omaha Beach,* James Nicholson Gallery, San Francisco. **2003** *Omaha Beach,* Galerie Condé, Goethe-Institut, Paris; *Paris – Omaha,* Art Agents Galerie, Hamburg. **2002** *24 Poses,* Maslowski/Grenzhaeuser, Nogoodindustry, Paris (Kat.); *Solo Tango,* Change Studio d'Arte Contemporanea, Rom. **2000** *Solo Tango,* Galerie Anita Beckers, Frankfurt/M. **1999** *1999 : Reset,* Studio Morra, Neapel.

AUSWAHL GRUPPENAUSSTELLUNGEN / SELECTED GROUP EXHIBITIONS

2011 *The Marginal Landscape,* 7th Biennial of Photography, Poznan (Kat.); *Forbidden Places,* Galerie *mobil,* Dachau; *Abandoned Worlds,* Galerie Christa Burger, München; *The Invisible,* Planket 2011, (Maslowski/ Grenzhaeuser), Stockholm/Berlin (Kat.); *Saluting The End,* JAUS, Los Angeles. **2010** *New Frankfurt Internationals,* MMK Zollamt, Frankfurt/M., (Kat.); *Photo Taipei; Arctic Perspective,* Hartware MedienKunstVerein Dortmund (Kat.); *Display,* King Kong Mannheim; *Paradise is somewhere else,* Galerie Anita Beckers, Frankfurt/M. **2009** *Forschungsstation Sozialer Raum,* Kunstverein Langenhagen; *La Ostra Prenada,* Filmprogramm, Z-Bar Berlin & Cineclub El Ponchote, Oaxaca; *Grenzland,* Römer 9, Frankfurt/M. & Neuer Kunstverein Aschaffenburg (Kat.); *Failed Hope,* Haus der Herren zu Kunststat, Brno; *Nach der Natur,* Römer 9, Frankfurt/M.; Gallery Collection, Sammlung Osram, Osram Art Gallery, München; *Gradwanderung,* Kunsthaus Kaufbeuren. **2008** *Gescheiterte Hoffnung,* Herbert Gerisch-Stiftung, Neumünster; *Tea time,* Galerie Anita Beckers, Frankfurt/M. **2007** *Hans im Glück,* K2, Izmir; *Frozen Moments,* Galerie Christa Burger, München; *It takes something to make something – die Sammlung Rausch,* Portikus, Frankfurt/M. (Kat.); *Gescheiterte Hoffnung,* Fotomonat Krakau (Kat.). **2006** *Gletscherdämmerung,* Ausstellung/Symposium der Eres Stiftung, München (Kat.). **2005** *Pathetischer Betrug,* Sonderausstellung – Art Frankfurt, Frankfurt/M. **2004** *Central Station* (Sammlung Harald Falckenberg), La Maison Rouge, Paris (Kat.). **2003** *Herkunft unbekannt,* Galerie Frehrking Wiesehöfer, Köln. **2002** *Event Horizon,* Lothringer 13 | Halle, München (Kat.); *Sammlung Deutsche Bank,* ständige Ausstellung Frankfurt/M.; *Point of view – Landschaften,* Galerie Anita Beckers, Frankfurt/M. **2001** *Jahresgabe,* Frankfurter Kunstverein, Frankfurt/M.; *Gilt,* Kunstraum B/2, Leipzig; *Utilità di sistema,* Museo Laboratorio di Arte Contemporanea, Rom. **2000** *Home Abroad,* Change Studio d'Arte Contemporanea und Galerie Sala 1, Rom; *no.site.specific,* Transit Project Space, London.

ARBEITEN IN SAMMLUNGEN & INSTITUTIONEN / WORK IN PUBLIC COLLECTIONS & INSTITUTIONS

2010 Sammlung der DZ Bank, Frankfurt/M.; Sammlung der Deutschen Flugsicherung, Frankfurt/M. **2009** Sammlung Advotec, Gießen. **2008** Deutscher Wetterdienst, Offenbach. **2007** Sammlung VCA (Victorian College of the Arts), Melbourne; Goethe-Institut Melbourne. Sammlung der Osram Art Gallery, München. **2005** Eres Stiftung, München. **2003** Sammlung Harald Falckenberg, Hamburg-Harburg. **2002** Sammlung Deutsche Bank, Frankfurt/M. **1999** Sammlung Helga & Hartmut Rausch.

AUSGEWÄHLTE LITERATUR, BILDVERÖFFENTLICHUNGEN, KATALOGBEITRÄGE & ZEITSCHRIFTENARTIKEL / SELECTED BIBLIOGRAPHY, PHOTO PUBLICATIONS, CATALOGUE ESSAYS AND JOURNAL ARTICLES

2011 MARGINS? THE 7TH BIENNIAL OF PHOTOGRAPHY, Ausstellungskatalog, Poznan, 2011 — THE INVISIBLE, Planket 2011, Maslowski/Grenzhaeuser, Ausstellungskatalog, Stockholm 2011 — *Christian Huther,* NEW FRANKFURT INTERNATIONALS: STORIES AND STAGES in Kunstforum International, Band 207, 2011, S. 334 **2010** NEW FRANKFURT INTERNATIONALS: STORIES & STAGES, Ausstellungskatalog, *Hrsg. Frankfurter Kunstverein,* MMK & Städelschule, Frankfurt/M. 2010, S. 84 – 87 — EINE GENERATION ERZÄHLT, Welt kompakt, 10.12.2010 — *Bettina Maria Brosowsky,* AUSGEBEUTETE TOPOGRAFIE, Taz Nord, 31.08.2010 — *Sabine Riker,* AM RAND DER ZIVILISATION, Stuttgarter Zeitung, 26.01.2010 — „STILLE WELT" KONSTRUIERT, Neue Württembergische Zeitung 23.01.2010 — ARCTIC PERSPECTIVE, Cahier No. 2: Geopolitics and Autonomy, *Hrsg. Michael Bravo / Nicola Triscott,* Hatje Cantz Verlag, Ostfildern 2010, S. 6 & 25 — GRENZLAND, Ausstellungskatalog, Hrsg. Neuer Kunstverein Aschaffenburg & Römer 9, Frankfurt/M. 2010, S. 16 – 19 **2009** L'INSENSÉ PHOTO, N° 7 : BERLIN & CO : LES PHOTOGRAPHES ALLEMANDS, Éditions du Regard / Volumen, Paris 2009, S. 58 – 59 — *Rüdiger Heise,* FOTOGRAFISCHES MALEN, Applaus Kunstmagazin, München 09/2009, S. 55 — BEGEGNUNGEN IM GETEILTEN LAND, Frankfurter Rundschau, 04.09.2009 — *Michael Stoeber,* DIE UTOPIE DER WIEDERANEIGNUNG, Hannoversche Allgemeine Zeitung, 27.08.2009 — *Christophe Schütte,* DIE SPRACHE DER BÖSEN BLUMEN, Frankfurter Allgemeine Zeitung, 21.04.2009, S. 37 — KUNST IM DEUTSCHEN WETTERDIENST, Ausstellungskatalog, Hrsg. BWD, Offenbach 2009, S. 28 – 29 — PHOTOMONAT KRAKOW, Ausstellungskatalog, Krakau 2009, S. 72 – 73 **2008** TAGE DES GLÜCKS, Maslowski / Grenzhaeuser, Bruno Dorn Verlag, Berlin 2008 — GLETSCHERDÄMMERUNG – Klimawandel und die Folgen, Ausstellungskatalog, Hrsg. Eres Stiftung, München 2008, S.36 – 39 — *Jens Rönnau,* GESCHEITERTE HOFFNUNG – ROMANTIK HEUTE, 17 aktuelle Positionen der Foto- und Videokunst in Kunstforum International, Band 192, 2008, S. 289 — *Kai van Eikels* SMART MOBS. DIE PANIK ZU URTEILEN UND DER ERREGENDE SPASS DER KARAMBOLAGE. BROKEN SOCIAL SCENE mit Bildern von Nathalie Grenzhaeuser, Kultur & Gespenster, Heft Nr. 6, Winter 2008, S. 61 – 75, Textem Verlag, Hamburg **2007** *Chistoph Schütte,* STILLE WELT, Nathalie Grenzhaeuser und Séverine Hubard in der Galerie Anita Beckers, Frankfurter Allgemeine Zeitung, 27.04.2007 — FOIL_IANN, CONTEMPORARY ART PHOTOGRAPHY IN ASIA, Band 1, Korea 2007 — INSERT, zehn Koop. zwischen Kunst & Wissenschaft, Grenzhaeuser/Schaffner TOPOLOGIEN DES IMAGINÄREN, *Hrsg. Amalia Barboza,* Gutleut Verlag, Frankfurt/M. 2007, S. 77 – 88 — OSRAM ART PROJECTS, *Hrsg. Osram Art Gallery,* München 2007, S. 50 – 57 **2006** LEBENDIGES WIRD AUSGEBLENDET, Gießener Allgemeine, 15.05.2006 — DAS NOCHNICHT UND DAS VORBEI, K. West, Das Feuilleton für NRW, No. 05, Mai 2006, S. 10 **2005** *Hortense Pisano,* AM SCHEIDEWEG, Journal Frankfurt, Nr. 09/2005 — PATHETISCHER BETRUG, Salon Verlag, Köln 2005, S. 12, 17 & 42 – 43 — CHANGE + PARTNER CONTEMPORARY ART 2001 – 2005, Ausstellungskatalog, *Hrsg. Roberto Annechini,* Rom 2005, S. 8 – 9 & 24 – 25 **2004** HARPER'S MAGAZINE, August 2004, S. 28 — *Christophe Schütte,* VOR DEM GROSSEN REGEN, Nathalie Grenzhaeusers Fotoarbeiten aus den Randzonen von Paris im 1822 Forum, Frankfurter Allgemeine Zeitung, 18.05.2004 — NATHALIE GRENZHAEUSER, *Hrsg. Forum 1822,* Frankfurt/M. 2004 — DIE GROSSE ARCHE, Fotografien von N. Grenzhaeuser im 1822-Forum, Frankfurter Rundschau, 29.04.2004, S. 19 — *Hortense Pisano,* DAHEIM UND NIRGENDWO, Frankfurter Künstler, Journal Frankfurt, Nr. 21, 21.04.2004. — *Hlya Swanhuyser,* ART ATTACK, Grenzhaeuser Remembers, 03.04.2004, C. F. Tageszeitung **2003** *Julia Mummenhoff,* VERLASSENE GEGENDEN, Szene Hamburg, September 2003 **2002** 24 POSES, Maslowski/Grenzhaeuser, Nogoodindustry Verlag, Paris 2002 — *Brigitta Weimer,* BRAND EINS – ART, 09/02, S. 128/129

IMPRESSUM

Herausgeber / Editors: Nathalie Grenzhaeuser & Ursula Schöndeling, Kunstverein Langenhagen

Der Katalog erscheint anlässlich der Ausstellung Nathalie Grenzhaeuser TRESPASSING
Kunstverein Langenhagen 30.08.2010 – 10.10.2010 & AtelierFrankfurt 25.02.2011 – 07.04.2011

Catalogue published on the occasion of the Nathalie Grenzhaeuser exhibition TRESPASSING
Kunstverein Langenhagen 30 August – 10 October 2010 & AtelierFrankfurt 25 February – 7 April 2011

Walsroderstr. 91A
30851 Langenhagen

Layout / Design:
Nathalie Grenzhaeuser & Bruno Dorn

Autoren / Authors:
TRESPASSING . Gabi Schaffner
Übersetzung / Translation: Jacqueline Todd

NATHALIE GRENZHAEUSERS LANDSCHAFTSMALEREI MIT ANDEREN MITTELN . Ludwig Seyfarth
Übersetzung / Translation: Gillian Morris

DOPPELBÖDIGES TERRAIN . Zur Konstruktion von Landschaft
Ein Gespräch zwischen Ursula Schöndeling und Nathalie Grenzhaeuser
Übersetzung / Translation: Gabi Schaffner

Lektorat / Editorial Proofreading:
Dagmar Tränkle, Martina Buder, Jacqueline Todd, Lina Scheeve (Text Seyfarth)

Druck / Printing:
Medialis, Berlin

Auflage / Edition: 1.200
Verlag für moderne Kunst Nürnberg, www.vfmk.de

Bibliografische Information der Deutschen Nationalbibliothek
Die Deutsche Nationalbibliothek verzeichnet diese Publikation in der Deutschen Nationalbibliografie; detaillierte bibliografische Daten sind im Internet über http://dnb.d-nb.de abrufbar.

Bibliographic information published by the Deutsche Nationalbibliothek
The Deutsche Nationalbibliothek lists this publication in the Deutsche Nationalbibliografie; detailed bibliographic data are available in the Internet at http://dnb.d-nb.de.

ISBN 978-3-86984-238-7

Distributed in the United Kingdom
Cornerhouse Publications
70 Oxford Street, Manchester M1 5NH
phone ++ 44 . 161 . 2 00 15 03, fax ++ 44 . 161 . 2 00 15 04

Distributed outside Europe:
D.A.P. Distributed Art Publishers, Inc.
155 Sixth Avenue, 2nd Floor, New York, NY 10013, USA
phone ++ 1 . 212 . 6 27 19 99, fax ++ 1 . 212 . 6 27 94 84

Kontakt / Contact:
www.grenzhaeuser.com; info@grenzhaeuser.com

Die Publikation wurde ermöglicht durch die freundliche Unterstützung der / This publication was made possible by generous support from:

Sparkasse Hannover
Niedersächsische Sparkassenstiftung
Niedersächsisches Ministerium für Wissenschaft und Kunst
Hessisches Ministerium für Wissenschaft und Kunst
Kulturamt Frankfurt

Sparkasse Hannover
gefördert aus Mitteln der Lotterie „Sparen+Gewinnen"

Niedersächsische Sparkassenstiftung

Niedersächsisches Ministerium für Wissenschaft und Kultur

HESSEN
Hessisches Ministerium für Wissenschaft und Kunst

Stadt Frankfurt am Main Kulturamt

Mein besonderer Dank gilt den folgenden Personen und Institutionen / I would like to thank the following individuals and institutions:

In Deutschland / In Germany:
Ursula Schöndeling, Mathias Völcker, Bruno Dorn, Maike Klein, Gabi Schaffner, Ludwig Seyfarth, Dagmar Tränkle, Martina Buder, Corinna Bimböse / AtelierFrankfurt, Anita Beckers / Galerie Anita Beckers, Christa Burger / Galerie Christa Burger, Ulrike Schneider, Anneli Laufenberg, Susanne Kujer, Ursula Heck, Markus Lepper, Rolf Grieger, Jacqueline Todd, Hans Petri, Frank Bartsch, Petra Klabunde, Dr. Jutta Mannes / Neue Galerie mobil, Uwe Kirsche / Deutscher Wetterdienst, Lina Scheeve, John Holten, Sandra Mann, Verena & Hans-Jagau, Manuela Messerschmied.

In Spitzbergen / In Spitsbergen:
Andreas Umbreit & Michelle van Dyck, Terra Polaris (www.terra polaris.de) sowie Robert Hermansen, Store Norske für deren Mitarbeit und Unterstützung bei der Planung und Realisation der Fotografien zur Serie *Die Konstruktion der stillen Welt* / for their support in planning and producing the photographs for the series *The Construction of the Quiet Earth*.

In Australien / In Australia:
Shawn & John McGraw, Chris Barry, Jim Rabba, David Harley & Simone Slee, Michael Szczepanski & Norbert Löffler / VCA Staff, Renate Elsaesser / Goethe-Institut Melbourne, für deren Mitarbeit und Unterstützung bei der Planung und Realisation der Fotografien zur Serie *Trespassing* / for their support in planning and producing the photographs for the series *Trespassing*.

Für Mathias & Clara / Dedicated to Mathias & Clara